二战经典战役纪实

登陆诺曼底

THE LANDING IN NORMANDY

二战经典战役编委会·编译

中国铁道出版社有限公司
CHINA RAILWAY PUBLISHING HOUSE CO., LTD.

前 言 | 登陆诺曼底

The Landing in Normandy

第二次世界大战爆发不久，德国法西斯进攻波兰，侵占丹麦、挪威，闪击荷兰、比利时、卢森堡、法国。在欧洲大陆，德军控制了北起挪威、南迄西班牙的全部西欧海岸。英国陆军在敦刻尔克大撤退后，西欧大陆几乎全部被德军控制。

苏德战争爆发后，苏联曾多次要求美国和英国在西欧开辟第二战场。

1943年，苏军在苏德战场转入反攻，盟军在太平洋战场转入攻势。德黑兰会议，斯大林、罗斯福和丘吉尔正式商定，美英盟军于1944年5月在法国北部地区登陆，行动代号为"霸王"。

在法国西部，从挪威到西班牙数千公里的大西洋沿岸，德军在两年多时间里，构筑了一道有相当防御能力的防线——"大西洋壁垒"，防线的重点设在加莱地区，因此诺曼底一带的工事比较薄弱。西线德军有B、G两个集团军群，中小型水面舰艇500多艘，空军飞机500架，陆军58个师，其中只有6个师部署在诺曼底。

对"霸王"行动，盟军经过反复分析研究，最终确定将诺曼底地区的奥恩河口到科唐坦半岛南端的地域，作为盟军的登陆地域。1944年夏天，盟军第21集团军群共86个师，海军两个特混舰队5,000多艘舰船，超过15,000架飞机以及美军第3集团军等部队到英国本土集结待命。

登陆前夕，西线盟军与德军陆军师的数量之比是16：1，陆军人数之比为3：1，可见，盟军占有强大优势。

盟国欧洲远征军最高司令艾森豪威尔幽默地说：强大的军队像卷起的弹簧一样，绷得紧紧的，等待着释放它的能量和飞越英吉利海峡时刻的到来。

1944年6月6日5时，即登陆前一个半小时，英国皇家空军的1,136架飞机对勒阿佛尔和瑟堡之间的德军海岸炮阵地进行空袭，投下了5,853吨炸弹。美军第8航空队的1,083架轰炸机向德军的海岸防御工事投下了1,763吨炸弹。

　　天亮时分，诺曼底海岸的炮声和爆炸声越来越激烈。盟军的中型轰炸机和战斗机群对德军阵地的轰炸越来越猛烈，德军阵地上的预定目标几乎都遭到了毁灭性打击。德军的炮兵被压制住了，防御工事被摧毁了，通信设施破坏了，雷达不是被炸毁，就是遭到了强烈的干扰，难以发现目标。

　　在密集的航空火力的掩护下，盟军多艘舰船组成的庞大舰队向诺曼底挺进，众多登陆舰在扫雷舰的掩护下，绕过暗礁，闯过险滩，渐渐逼近诺曼底。

　　5时15分，盟军100多艘舰艇对诺曼底80公里登陆正面实施舰炮火力准备。由于极具突然性，火力准备取得了良好的效果。

　　空军的猛烈轰炸和海军舰艇的猛烈炮击，在德军设置的"死亡地带"之间撕开了一个大缺口。天刚蒙蒙亮，运载登陆部队的舰艇迎着6米高的海峡波涛，缓缓地驶近诺曼底。

　　按预定计划，在6时30分至7时45分之间，各登陆部队在精心选定的5个登陆地段突击上岸。

　　经过一天激战，盟军将近10个师的部队登陆成功，5.75万名美军和7.52万名英军及加拿大军队的官兵先后登上诺曼底，并占领了数个长8～10公里的登陆场，尽管这些登陆场相互间尚未建立联系，但为后续部队登陆创造了条件。

　　至7日，在诺曼底滩头，盟军的空降兵和登陆兵加在一起，已经有17.6万人踏上了法国的土地，2万辆各种车辆在诺曼底的大地上行驶。盟军以伤亡和失踪8千人的代价，打破了德军苦心构筑的"大西洋壁垒"。

　　6月7日，盟军的登陆部队开始建立统一的登陆场。盟军在诺曼底登陆的消息传到德国，德国上下一片惊慌，人们难以接受欧洲第二战场的现实。

战役备忘 | 登陆诺曼底
The Landing in Normandy

罗斯福 | Franklin D. Roosevelt

　　情况如此严重复杂，以致任何人，包括军人在内，都无法事先作出决定。同盟国开辟第二战场的速度快到不能再快了。

斯大林 | Joseph Stalin

　　显然，原定计划中这次规模庞大的登陆行动，已经全部成功了。我的同事和我不能不承认，就其规模，就其宏大的布局，以及杰出的执行计划情况来看，战争史上从来也没有过足以和它类比的事业。

丘吉尔 | Winston Churchill

　　虽然我一直希望与美国一起横渡海峡，直接进攻德国在法国的海防线，但我并不认为这是赢得战争的唯一道路，我知道这种进攻将是一个艰巨而危险的冒险……历史上最困难、最复杂的战役，是盟军重返欧洲大陆。

艾森豪威尔 | Dwight Eisenhower

　　街道、公路和田野都被击毁的装备以及死去的人畜所阻塞，简直无法通行。在这个包围圈被封闭的48小时后，有人领我徒步通过这个地区，那里的景象只有但丁才能形容。

★ **战争结果**

　　1944年6月6日至12日，盟军把5个登陆滩头连成了一个正面宽80公里、纵深13~19公里的统一登陆场。盟军消灭或重创德军40个师，德军3名元帅和1名集团军司令先后被撤职或离职，击毙和俘虏德军高级将领20人，缴获和摧毁德军的各种火炮3,000多门，摧毁战车1,000多辆，盟军伤亡122,000余人。

★ **战役之最**

a. 人类历史上迄今为止规模最大、持续时间最长的登陆战役。b. 西欧战场上最为激烈、伤亡最为惨重的战役之一。c. "二战"中参加兵种最多的、诸军兵种联合参加的战役。

★ 作战时间

　1944 年 6 月至 7 月。

★ 作战地点

　法国北部，诺曼底地区。

★　作战国家

★　作战将领

艾森豪威尔 | Dwight Eisenhowe

　美国陆军五星上将。第二次世界大战爆发后，历任副团长、师参谋长、军参谋长、集团军参谋长。1941 年晋升为准将。1942 年 6 月任欧洲战区美军司令，11 月作为北非远征军司令，指挥北非登陆战役。1943 年 2 月任地中海战区盟军司令，12 月任盟军远征军最高统帅。1944 年任诺曼底登陆战役最高指挥官，12 月晋升为陆军五星上将。

盟　军

　盟军参战总兵力约 288 万人，其中地面作战部队约 153 万人，共 39 个师（步兵师 26 个，装甲师 10 个，空降师 3 个），10 个旅，舰艇 9,000 余艘，飞机 13,000 多架次。

隆美尔 | Erwin Rommel

　德国陆军元帅。1939 年任希特勒卫队长。1940 年任坦克第 7 师师长，参加侵法战争。1941 至 1943 年任驻北非德国远征军司令，与英军作战。后调任驻北非 "B" 集团军群司令，先后在北非、意大利、西北欧苏德战场作战。1943 年底至 1944 年任驻法国 B 集团军群司令。因卷入 1944 年 7 月 20 日刺杀希特勒事件，后被迫自杀身亡。

德　国

　西线德军地面部队共 58 个师（含老弱官兵编成的 33 个海防师），编为伦德施泰特指挥的 "G" 集团军群和隆美尔指挥的 "B" 集团军群。

★　战争意义

　诺曼底登陆作战属于战略性登陆作战。登陆作战的胜利，对盟军在西欧开辟第二战场具有决定性的意义，对苏美英加等国加速打败德国法西斯也有重要作用。

诺曼底登陆作战已事过 70 年，但仍为世界各国军事理论界所重视，这是因为它是登陆作战史中，规模最大、比较成功的著名战例，它在组织与实施方面的许多经验至今仍有现实意义。

作战示意图 | 登陆诺曼底
The Landing in Normandy

美第1集团军
（布莱德雷）

美第7军

美第4步兵师

美第12连

美第22连

美第8连

预定登陆海岸

美第2别动营

美第82空降师

格朗康

滨海维耶维尔

第914连的一部

第115连队战斗群
第116连队战斗群

美第101空降师

第914连的一部

卡朗坦

伊西尼

贡比涅

第352步兵师

德第84军

圣让特达伊

距圣洛3公里

塞里西森林

巴莱奥瓦

瓦洛涅

蒙特堡

第709步兵师

第1058连

第919连

第91步兵师

第1057连

距来塞15公里

距瑟堡20公里

福米尼

第916

犹他

马德

滩

奥

马

哈

图例
- 空降部队预定着陆地点
- 犹他　攻击地区
- 第一次攻击波
- 英军第6空降师的攻击
- D日 24:00 盟军占领的地带
- D日 24:00 盟军预定的进攻线
- 第709步兵连D日开始行动前的德军军队位置
- D日 24:00 德军占领的地带
- 第21装甲师的反击
- 德军丰炮台
- 沼泽地带

0　　　　　　　　　15公里

★ 1944年6月6日（D日），盟军"霸王"作战行动在法国诺曼底地区实施及德军在诺曼底地区兵力部署示意图。

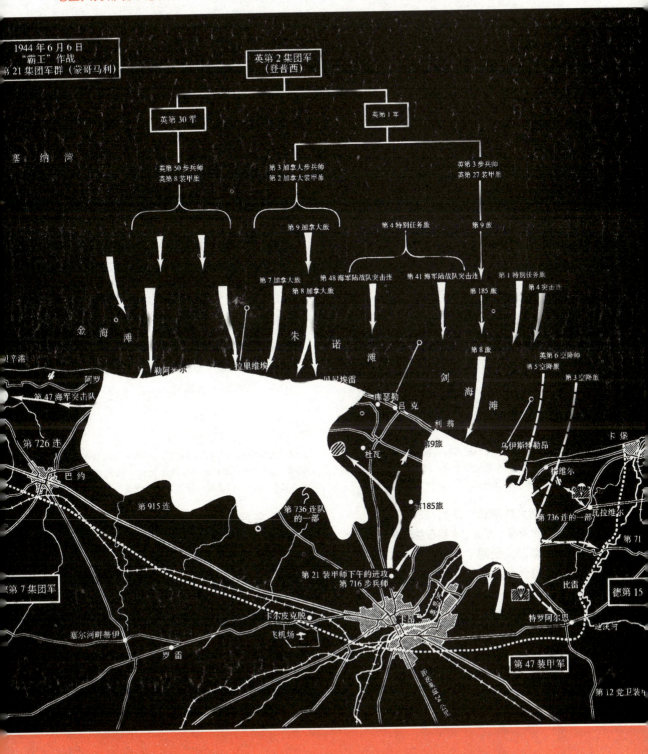

目 录 | 登陆诺曼底

The Landing in Normandy

第五章　战云密布

在盟军登陆前的短短 4 个月里，艾森豪威尔将军视察了 26 个师、24 个机场、5 艘战舰，他到过的仓库、工场、医院和其他设施，已经无法统计……

第六章　一触即发

丘吉尔一开始对"霸王"行动没有把握……不过随着登陆作战各项准备工作日趋完善……他热情地告诉艾森豪威尔："我对这一事业正变得坚定起来。"

第七章　大军出征

来自西线海军和空军的报告源源不断地传到巴黎，说在诺曼底空降的伞兵中有稻草人、木头人、橡皮人……认为在诺曼底空降伞兵不过是盟军声东击西的欺骗行动，大规模进攻可能仍在加莱附近……

第八章　决战诺曼底

当德军还弄不清登陆点到底是加莱还是诺曼底之时，盟军数以万计的舰艇已靠近了诺曼底……战役最关键、最惨烈的时刻到来了！

第九章　巩固扩大登陆场

盟军艰难地在海滩上生存下来，但狭小的空间，无法使后续部队大量涌上法国北部战场。德军还在调整部署，准备着新的反击……

第十章　通向巴黎

盟军下一步的目标是巴黎，而冈城是通向巴黎的门户，它是盟军向欧洲大陆纵深进攻的枢纽所在……盟国军队从诺曼底登陆后将围绕这座小城镇转向东北，再发动直指法国首都巴黎和德国的莱茵河的进攻。

第一章

搁浅的第二战场计划

1939年,欧洲,人类历史上第二次血腥的世界战争,在这里开始。欧洲大陆的东面,苏联人民艰难地与德国法西斯的军队进行英勇的防御作战,损失惨重。斯大林首次提出在欧洲大陆西面开辟新的战场,形成对法西斯军队的腹背夹击之势。日本轰炸珍珠港,终于激起了美国人加入战争的决心,但在美国人的战争经验与实力还不足以主宰战争的时候,英国人的意见显得十分重要,虽然美国人极不情愿。

No.1 艾森豪威尔拟定计划

罗斯福在 1942 年 3 月 9 日打给丘吉尔的长篇海底电报中，提过"在欧洲大陆开辟新战场的计划"，而且还说："我现在对今年夏天建立这个新战场日益感兴趣。"

以艾森豪威尔为首的参谋部作战计划处经几个月研究，最后定下"以英国为基地发动对欧洲西北部的进攻"。这一计划经马歇尔同意报给罗斯福。

这即是 1942 年 4 月，美国提出的代号为"波列罗——围歼"计划。"波列罗"指的是调动盟国所能动员的一切人力、物力集结于英伦三岛；"围歼"指的是在 1943 年春季发动横渡海峡的总进攻。这个计划主要是从军事因素考虑的，但政治因素也兼顾到了：从法国登陆，可以满足苏军和斯大林开辟第二战场，吸引德军 40 个师的要求。

为达此目的，作战计划指出：

"发动这次攻势的决定必须立即做出，因为在许多方面都有必要进行大量的准备工作。在这次攻势发动以前，必须牵制住西欧的敌军，同时还要运用策略，并组织突击，使敌人捉摸不定；这样做的结果会使我们获得有用情报，同时也得到可贵的锻炼机会。"

"进攻的联合力量应该包括 48 个师（其中包括 9 个装甲师），英国应该承担 18 个师（其中包括 3 个装甲师），支援进攻的空军需要 5,800 架战斗机，其中 2,550 架由英国供应。"

"问题的关键是速度。如果美国只提供 60% 的运输部队的工具，美国部队可于 1943 年 4 月 1 日前运到英国；如果这次调动完全依靠美国船只，那么进攻的日期必将推迟到 1943 年夏末。"

此外，在波列罗围歼计划中，还附有一个代号为"铁锤"的作战计划。如果苏联形势危急，美、英将在 1942 年 9 月就渡海登陆，打击德军。

1942 年 4 月 8 日，马歇尔和霍普金斯奉总统之令飞赴伦敦，同英国人商议未来的作战计划。

因希特勒马上要发动对苏军的夏季攻势，苏联形势危急，美方想把"铁锤"计划付诸实施。为此，马歇尔向丘吉尔全面概述了"铁锤"作战计划，听后，丘吉尔满面春风地举杯向客人说他"完全赞成这个计划"。

当时商定，1942 年先集中少数英美部队（初定 6 万人）首先在西欧登陆，1943 年再投入大部队大举进击。马歇尔用电报把这一结果告知罗斯福。

罗斯福考虑到为使盟国之间更好地协同作战，于 4 月 11 日致函斯大林，请他派莫洛托夫和一名将军前往华盛顿，以商讨这一作战计划。

▲ 美国总统罗斯福，主张尽早开辟欧洲第二战场。

但斯大林觉得，开辟第二战场是英美两国的事，必须有丘吉尔同意，所以打算派莫洛托夫先到伦敦，再到华盛顿。

为安排这次访问能顺利秘密进行，斯大林叫来了新上任的远程航空兵司令官戈洛瓦诺夫，让其调配飞机，制订送莫洛托夫去英国的飞行路线，并叮嘱要严守秘密，说："此事只有你、莫洛托夫和我三个人知道。"

在极秘密状态下（连远程航空兵副司令官都不知道），一架佩-8式四引擎轰炸机调到莫斯科，几名王牌飞行员被秘密调到这里，经过一个多月的工作，一切准备就绪。

1942年5月20日，莫洛托夫登上轰炸机，在炸弹舱中找了个地方，带上氧气管，躺在舱面上，一切准备就绪，飞机起飞了。

这次飞行在极秘密状态下进行，要直达伦敦，要飞越德国法西斯占领的欧洲。飞机飞越德军防线后，地面高射炮炮火不断，空中不断有德军战斗机袭击，靠王牌飞行员的高超技术，飞机时而借助云层隐蔽自己，时而借助操作闪转腾挪，终于穿出火网，安全降落在伦敦机场。

莫洛托夫抵达伦敦后，第二天即开始与艾登会谈英苏条约问题，并和丘吉尔商谈第二战场问题。第二战场指在欧洲西北部，并能直捣德国腹地的战场。在讨论这个问题时，丘吉尔发挥其滔滔不绝的辩才和丰富的军事知识，大谈空军、海军对陆军登陆的作用，登陆的条件，登陆意义，而绝口不谈登陆时间和登陆军队的规模等具体内容。

美国历史学家菲律后来评论道："丘吉尔表现审慎、含糊。对美国和英国准备在何时何地在西线反击德国的问题，不做具体肯定的回答。"丘吉尔是想等莫洛托夫从华盛顿返回时取道伦敦，在美国表态后，他"将根据华盛顿关于这个问题的讨论情况给予具体回答"。

1942年5月30日，莫洛托夫到达华盛顿的第二天上午，便与罗斯福总统及其顾问们进行了正式会谈。会谈中，罗斯福首先向出席会谈的马歇尔和金海军上将介绍了头天下午的初步会谈情况。然后，莫洛托夫谈到第二战场既是军事问题，又是政治问题，希望盟国能尽早实施，而且早实施比晚实施更有力。并说："如果你们拖延你们的决定，你们终于将担负战争的主要压力，而如果希特勒变成大陆上无可争辩的主人，那么，明年无疑地将比今年更为艰难。"

听完莫洛托夫的叙述，罗斯福表态了，他说："与许多美国人的看法不同，我的看法是必须首先打败希特勒，然后再打败日本。因此，我们准备在1942年尽一切努力，以便减轻苏联对希特勒战争的负担。"

　　然后，他问身边的马歇尔将军，情况是否已经清楚，我们可否告诉斯大林，说我们已经作好开辟第二战场的准备，将军回答：可以。

　　于是罗斯福表示要让美国军人承担风险，准备以6至10个师的兵力在法国实施登陆。即使不能保证这次战役将取得胜到，但"为了在1942年援助苏联，应该做出牺牲。也许还得经受一次敦刻尔克……"

　　对美国总统决心在1942年开辟第二战场，莫洛托夫表示欢迎，但他也直率提出美国仅以这么少的兵力进攻欧洲达不到使德军从苏德战场调出40个师的目的，所以认为6至10个师的人数是不够的。

　　双方于6月1日达成开辟第二战场的协议，6月11日两国同时发表共同声明，称：对于1942年在欧洲开辟第二战场的迫切任务已达成完全的协议。

No.2　消极的英国人

　　1942年6月9日，风尘仆仆的莫洛托夫从华盛顿回到伦敦。见到丘吉尔后，向他详细通报了与罗斯福的会谈情况和罗斯福所提出的行动计划。其实丘吉尔已经知道了罗斯福的打算。在莫洛托夫与罗斯福会谈时，罗斯福就给丘吉尔来了电报："我尤其渴望莫洛托夫能就他的使命带回一些实际的结果，并给斯大林一个令人高兴的报告。我倾向于认为，苏

◀1942年，丘吉尔与罗斯福在华盛顿会晤，商讨在欧洲大陆开辟新战场的事。

▲ 丘吉尔在美国国会发表演讲。

联人现在有点儿垂头丧气。"所以，当通报到美国为了开辟第二战场，不惜冒第二次敦刻尔克的风险，并谈到苏联对这一建议的反应后，丘吉尔毫不犹豫地说道，他无论如何都不去进行新敦刻尔克冒险，不管谁建议他这样做。

丘吉尔一面不同意对欧洲大陆进行敦刻尔克式的冒险；另一面，他又同意在1942年开辟进攻欧洲大陆的第二战场。他对莫洛托夫说，1942年秋天将以6个师左右的兵力进攻法国的准备工作正在进行。

双方也发表了一份共同声明，但声明中还附有一份英国方面提出的备忘录，其中有这样一段话："我们正在为1942年8月或9月在大陆登陆一事做准备。但是""在事前很难说，到时候是否会出现进行这种行动的形势。我们因此无法许下任何诺言。"

之所以如此做，是因为丘吉尔在莫洛托夫到来的前一天，已指示英军参谋长两条原则："一是除非我们打算留在那里，否则不在法国大举登陆；二是除非德国人与俄国人在作战中再次失利，因而士气不振，否则不在法国登陆。"英国方面早已不打算在当年发动进攻了。

英国之所以同意发个共同声明，只不过是使"德国人有所畏惧而已"。

英、美两巨头对开辟第二战场有不同的态度：罗斯福表现积极，要在苏联危急关头，出兵帮苏联一把，即使有风险也要干；丘吉尔则比较消极，开辟第二战场可以，但要等德国人在与苏联人的战争中失败后再动手，整个是一个"借刀杀人"的政客伎俩。罗斯福的积极性也并不彻底，在丘吉尔亲自来访说服下，也放弃了1942年横渡英吉利海峡的计划，并在丘吉尔的鼓动下，制订出进攻北非的新计划。

No.3 丘吉尔亲赴莫斯科

进攻北非的新计划违背了与苏联达成的协议，为了取得苏联的理解，英国有必要向斯大林当面讲清。变化的点子都是丘吉尔出的，解释的任务自然也得由丘吉尔完成。

能言善辩的丘吉尔对这一艰巨的任务也有点"棘手"了。恰好，7月底苏联邀丘吉尔和军方参谋长访苏，丘吉尔拉上美国的总统特使哈里曼，取道德黑兰上路了。

1942年8月10日夜晚，丘吉尔、哈里曼离开德黑兰，登上经过改装后的B－24专机，前往苏联。哈里曼与丘吉尔比肩而坐。机内设备挡不住发动机的噪音，两人之间的谈话都无法进行，但相互的行为看得清清楚楚。

飞机沿里海东岸飞行，避开德军和苏军在高加索拼杀的战场。

乘坐另一架"解放者"式飞机的丘吉尔的军事随员的运气很不妙。飞机刚离开德黑兰，一台发动机就出了故障，不得不返回，机上有布鲁克、韦维尔、空军上校阿瑟·特德爵士和外交部的亚历山大·卡多根勋爵。降落后，布鲁克一行发现飞机损伤严重，不能马上修好。然而，幸运的是，他们找到了一架苏联的道格拉斯DC－3运输机（按照租借法案用一架美制C－47型机交换的），准备装载这一行人，取道巴库和古比雪夫加油。道格拉斯飞机与寒冷不舒适的"解放者"式大不一样，机上为旅客备有扶手椅和长沙发，条件很好。驾驶员和机组人员志趣相投，但驾驶员的行为显得有些过分。这个苏联驾驶员是一个标准男子汉，身高2米，体格健壮匀称，心头无忧无虑，脸上总是挂着笑容。作为一个驾驶员，他显得过分开心。他起飞的方法是低飞到跑道尽头，然后急转弯，内翼几乎擦着地面。然后，他又飞回到起飞点上空，使飞机来一个大回头，以示向他的朋友们告别。

由于巴库和古比雪夫位于里海西岸的危险区，整个航程都在60多米的高度上沿海岸飞行，穿过苏联的后方防区。据布鲁克说，这种情况几乎是绝无仅有的，表明红军对一切都失去了控制。

飞机飞越厄尔布尔士山的北脉，两个小时后，飞机抵达里海东岸上空。丘吉尔回忆道："透过舷窗，我们隐约望见西海岸的巴库和巴库油田。德军现在离里海很近，因此我们便取道古比雪夫，以便远离斯大林格勒和战区，这就使我们飞近伏尔加河三角洲。极目远望，俄罗斯大地一片褐色，平原万里，渺无人迹。各处可以看见方方正正的耕地，说明那里曾经一度是国营农场。巨大的伏尔加河有很长的一段是在宽广黑色的沼泽中滚过，蜿蜒曲折，闪耀着光芒。有时出现一条大路，像直线一样，从宽广的地平线的一头通向另一头。"

接近莫斯科时，丘吉尔情绪忧郁。几年前，他还把苏维埃政权视为头号敌人，那是第一次世界大战刚过不久的事。他后来回忆当时的心情：我考虑着来到这个沉闷、邪恶的布尔什维克国家的使命，我曾想方设法把它扼杀在摇篮里，在希特勒上台以前，我曾把它当做文明自由的死敌。我这次来对他们说些什么好呢……这好像是往北极带冰，多此一举。然而，我想我此行的任务就是来向他们阐明事实，同斯大林面对面地说清楚……

在莫斯科欢迎丘吉尔一行的有莫洛托夫和一大群高级官员。检阅仪仗队，简短致词和奏完三大国国歌后，丘吉尔等被护送到离克里姆林宫约 13 公里莫斯科河对岸列宁山的豪华别墅里。哈里曼住在美国大使馆，莫洛托夫是东道主。在乘车途中，丘吉尔放下车窗，发现窗玻璃有 5 厘米厚，翻译平静地解释说："部长认为这样更慎重。"

到达 7 号国家别墅后，丘吉尔对新环境很感兴趣。他一贯喜欢物质享受，很快就沉溺于舒适的热水浴中。他身躯高大，一副军人形象，好像出身于显贵的皇族家庭。但是，他极少有机会享受大量的饮料、葡萄酒、鱼子酱和其他佳肴美味。他向莫洛托夫要求当晚就会见斯大林，莫洛托夫定在晚上 7 点。由于他们下午 5 点才到，只好下次再吃鱼子酱喝伏特加了。

丘吉尔和哈里曼在预定时刻会见了斯大林，其环境比别墅里简朴多了，会谈是直率的。

会谈开始时气氛很不友好，因为丘吉尔决定在谈盟军的另一计划（"火炬"作战计划）之前，先让斯大林听坏消息。这是丘吉尔第一次会见斯大林，所以他要仔细观察这位元帅。他发现这个人特点突出，说话和气但思想敏锐，态度严厉。

丘吉尔先扼要地说明西方盟国为什么在 1942 年不能对法国西北部发起进攻（"铁锤"计划）。他说只要能减轻苏军压力，美英两国愿冒牺牲 15 万人的巨大危险。然而，西方首脑认为，在法国的纳粹部队无须增援就能摧毁盟国的这种劳师动众的远征行动。斯大林对丘吉尔的每一点意见都持否定态度，但最后承认，他无权取消西方盟国的决定。

然后，丘吉尔概述了轰炸德国本土的计划。斯大林有点高兴了，并建议不仅要轰炸工厂，也要轰炸民房。丘吉尔同意轰炸民房，但只能作为没有炸准工厂时进行间接破坏。丘吉尔终于感到紧张的心情有所缓和。这时（时间已经过了两个小时），也只能在这时，他才提起英美的其他计划。

丘吉尔开始叙述"火炬"计划，斯大林很感兴趣。他承认这是一个切合实际的计划，但对一些政治因素有怀疑，特别是怀疑美军进攻，法国人会配合。斯大林承认他不喜欢戴高乐，但他认为，戴高乐的"自由法兰西"在北非的政治生命比英美强。

会谈快要结束时，丘吉尔如愿以偿。斯大林向前探着身子，归纳了这次作战行动的几点好处：

第一，袭击隆美尔的后方；第二，威慑西班牙；第三，可以使德军和法军厮杀起来；第四，使意大利暴露在战争的正面。

▲ 莫斯科峰会期间，丘吉尔与美国特使哈里曼（左二）、斯大林和莫洛托夫一起交谈。

丘吉尔又在斯大林列举的条目上增加了第五条：打通地中海，获得取道波斯湾的铁路，缩短为苏联提供给养所需的时间。考虑到摩尔曼斯克护航舰队的困难，这条铁路将具有租借交换的性质。

当天晚上，丘吉尔结束克里姆林宫会议后，感到会议已取得了真正的进展。然而，第二天上午，他又更加慎重地考虑起斯大林的态度来。中午同莫洛托夫相会时，丘吉尔说："我们远道而来，斯大林就这样草草应付我们，这是很不明智的。"莫洛托夫模棱两可地说，斯大林是个明白人。

1942年8月13日傍晚，丘吉尔的军事代表团在欣赏了苏联驾驶员的许多特技表演之后，来到莫斯科机场。晚上11点，斯大林接见英美代表团全体成员。

丘吉尔先前的不安这时又充分显露出来。头天晚上交锋结束时好像缓和了的紧张气氛，又重现眼前。在类似"候车室"一类的空荡荡房间里（只有一张列宁画像装饰着墙壁），斯大林在一张长桌旁发表了寸步不让的备忘录，再次坚持说1942年可以而且必须开辟第二战场，说这是盟国早就同意了的。

丘吉尔没有逐条答复这份备忘录，而是许下诺言，说他以后将做出书面回答。

整个晚上，斯大林对西方盟国特别是英国大加抨击，他谴责英军害怕与德军展开地面战斗（他补充说，如果他们真的试一试，就会发现，情况并非那么可怕）。最后，丘吉尔发火了。他用拳头敲打桌子，发表了布鲁克称之为他最雄辩的演讲之一。他坦率地说，他原谅斯大林的说法，只是因为看在苏联士兵作战勇敢的面上。

丘吉尔讲得太快，翻译跟不上。他不时停下来问："你告诉他这句话了吗？你告诉他那句话了吗？"最后，斯大林打断他的话："我不明白你说的是什么，但看在上帝的面上，我喜欢你的情操。"此后，气氛又缓和了。

丘吉尔对斯大林态度的变化迷惑不解，但卡多根勋爵劝他放心。艾登一行于1941年12月（丘吉尔当时参加"世外桃源"会议）曾在莫斯科遇到同样的情况：斯大林在第一个晚上态度很随和，第二个晚上就突然翻脸。

尽管卡多根作了保证，丘吉尔仍然认为这次会议失败了，准备回国。当斯大林邀请他参加次日的晚宴时，丘吉尔勉强接受了，但说明他要在15日上午离开莫斯科，斯大林似乎吃了一惊。晚宴结束时，未来的计划仍是悬案。

▶ 丘吉尔与斯大林交谈。

　　第二天，丘吉尔情绪很低，只能看着这次使命失败，别无他法。当军事将领们聚在一起讨论一种苏联新型迫击炮时（苏联对详细情况守口如瓶），丘吉尔静静地坐着，不置一词。

　　当天晚上，斯大林在克里姆林宫内的格卢姆宫宴请客人。观察家们发现，在19道菜的宴会上，气氛不像平常那样融洽和谐。斯大林和丘吉尔的谈话娓娓动听，开诚布公，但总是不那么亲切。斯大林谈起他几年前会见南希·阿斯特女士和萧伯纳时的情景。阿斯特女士曾试图原谅劳埃德·乔治1918年对俄国的"侵略"，原因是他受了丘吉尔的错误引导。丘吉尔承认自己应负的责任，问斯大林是否原谅了他，斯大林说"那是过去的事了，往事属于上帝"。

　　丘吉尔请求原谅他过早地告退，"过早"是凌晨1点30分，他步态稳健地走向宴会厅的出口。他发现心情焦急的苏联总理在陪着他，显然，这位总理不想让这次访问完全成为一次灾难。

　　8月15日晚，丘吉尔到斯大林办公室举行最后一次会议。他发现主人态度温和了一些，一小时有益的会谈以后，斯大林要求丘吉尔到他设在克里姆林宫内的小寓所喝酒。丘吉尔说，他原则上一直同意这种政策，于是，两人穿过克里姆林宫庭院（整个院子的面积约20万平方米），到达斯大林的寓所。斯大林的女儿斯维特拉娜礼节性吻了父亲一下，就退了出去，当时莫洛托夫也在场。

　　这天晚上，他们的谈话持续了7个小时，气氛是友好的，美中不足的是，斯大林在一个问题上批评了皇家海军。丘吉尔提醒他说，他本人就懂一点海军知识；对此，斯大林反唇相讥说，这种说法本身就意味着他对海战一窍不通。丘吉尔放低调子解释说，俄国人是陆上动物，英国人是海上动物。斯大林接受了这种打圆场的说法。谈话在坦率的气氛中进行，斯大林甚至一度承认，与30年代乌克兰农场的合作化运动相比，这场战争算不了什么。

　　丘吉尔在凌晨2时30分离开。在客厅等待讨论战后波兰问题的波兰将军威拉迪斯劳·安德斯十分失望，但丘吉尔却感到心满意足。

　　丘吉尔没有睡觉就直接去机场。整个代表团都直飞德黑兰，大使馆的舒适条件很利于消除他们的长途跋涉之劳。他们从那里返回开罗，会见亚历山大和蒙哥马利。丘吉尔乘坐范德克卢特驾驶的"突击队员"号飞机，于1942年8月24日星期一傍晚返回伦敦。

　　丘吉尔做了一次危险而且常常是极不愉快的旅行，把暂缓开辟第二战场的消息直接告诉了苏联元帅斯大林，为西方扮演了一个泥瓦匠助手的角色。他认为，他还建立了某种"关系"。

　　开辟第二战场的计划暂时搁浅……

第二章

战争转折

　　整个反法西斯战争已经进入新阶段。在东欧的苏德战场上，斯大林指挥强大苏军在斯大林格勒已把保卢斯统率的德国精锐兵团包围在城下，全歼他们已经指日可待。在太平洋战场上，日本帝国海军的攻势在中途岛走到了尽头。在大西洋战场上，德国邓尼兹的潜艇"狼群"在好"猎手"的追逐下，收敛多了。眼下，正在展开的北非战场上，盟军登陆摩洛哥、突尼斯已取得巨大成功，现已突破隆美尔的阿拉曼防线，"沙漠之狐"即将灭亡。

No.1 斯大林格勒保卫战

1942 年 9 月 12 日，就在德军进攻斯大林格勒的当天，希特勒在乌克兰文尼察附近的大本营里召开军事会议。他严令德国第 6 集团军司令保卢斯要不惜任何代价，尽快攻占斯大林格勒，决不能让它变为世人长期注目的焦点。

希特勒早就酝酿着夺取斯大林格勒的详细计划。他命令保卢斯集中兵力于个别地段，突破苏军防线，把守城红军切割成几段，然后压逼到伏尔加河岸边分别围歼。为了实现这个目的，希特勒又从高加索等地调来大批兵力，直接用于进攻市区的就达 17 万人，拥有 1,700 门火炮、500 辆坦克。负责防守市区的苏军（第 62 集团军以及第 64 集团军的一部分）只有 9 万人、1,000 门火炮和 120 辆坦克。

德军在兵力、兵器方面均占优势。

从 9 月 13 日到 15 日，保卢斯以其优势兵力向斯大林格勒市区的几个点发起连续不断的猛攻。在市区中部，德军占领了市内制高点马马耶夫冈和中央车站，接着渗入市中心区并向伏尔加河中央渡口射击；在市区北部，德军突进了城北工业区，并朝红十月工人镇冲击；在市区南部，德军闯入谷仓区。持续了 143 天的市区巷战从此开始，全市的街道和广场都变成了激烈搏斗的战场。

9 月 13 日至 26 日，双方的战斗重心是争夺市中心区。崔可夫将军指挥的第 62 集团军，在斯大林格勒的城市保卫战中，犹如擎天柱石，捍卫着这座城市的每一寸土地，守护着城市的一砖一瓦、一木一石，不容德军轻易夺去。

朱可夫在一篇文章中回忆到："敌人不顾一切，一步步通过市内的废墟，愈来愈逼近伏尔加河。似乎，人们要支持不住了。" 62 集团军指挥所的几个掩蔽部都被炸毁，司令部人员伤亡严重，通讯中断。

就在最艰难的危急关头，罗迪姆采夫将军率领的近卫步兵第 13 师奉命增援，以加强城内防御。

9 月 18 日，德军指挥部把两个罗马尼亚集团军推上南北两翼的第一线，以替换德国部队进攻市区。20 日，德军凭借其巨大优势兵力，不顾惨重伤亡，占领了市中心区大部，并从几个地点冲向伏尔加河边，力图封锁河上渡口。但是，在如此险恶的困境中，被逼到几个孤立据点和岸边狭小阵地上的苏军战士，仍然临危不惧，展开逐屋战斗，并进行猛烈反击。他们在每幢楼房里层层设防，使每一层都变成苏军牢固的防御据点。德军攻占了底层，还得攻夺地下室；攻占了下层，还得攻夺上层和屋顶。许多红军狙击兵，披上伪装，或隐蔽于地下室，或藏身于断墙内，或暗伏在瓦砾旁，弹无虚发，接连击毙敌人。这样，斯大林格勒的焦土废墟、残垣断壁成了到处都是火力网的迷魂阵，德军每前进一步都要付出惨重代价。

在市区战斗高潮的 9 月 13 日到 26 日，德军几乎每天要损失 3,000 人，可是仍然未能占领市区全部，也未能守住通往伏尔加河的道路。

9 月底，苏军依然牢牢地守卫着伏尔加河西岸长约 25 公里、宽约半公里到两公里的阵地。

29 日，德军发言人被迫承认："在苏军抵抗面前，对我们的困难不能低估，每一码土地都是用最大代价赢得的。"

一个德国上等兵在给家人的信中哀叹："斯大林格勒是人间地狱，我们每天都在进攻，如果早晨我们进占 20 米，晚间俄国人就会把我们重新赶回来。"

另一个德国士兵写信给妻子说："我们在这里只有一件事能够盼望得到，那就是死或者负伤。"

在市区战斗中，德军付出了惨重代价仍未达到全部目的，便把进攻的重点逐步转向城北工厂区。

9 月 27 日，德军出动 4 个师、120 辆坦克，向"红十月"厂和"街垒"厂地区发动进攻，企图由此突破苏军防线，冲向伏尔加河。

希特勒扬言："我们很快就要拿下斯大林格勒了！"

可是，经过一周激战，德军伤亡惨重，力量难继，只占领了工厂区的一些边沿地方。与此同时，据守斯大林格勒以南的苏军却相机出击，夺回伏尔加河西岸萨尔帕湖、查查湖和巴尔曼察克湖之间的隘口，为日后苏军大反攻占领了有利的出击阵地。

10 月 14 日凌晨 5 时 30 分，德军投入大量飞机、火炮向拖拉机厂地区只有一公里半宽、几公里长的狭窄地段实施密集轰击，企图造成一条无人地带。轰炸和炮击使第 62 集团军指挥部的地下深处掩蔽所像纸屋一样地摇晃着，并向下塌陷，有不少人为国捐躯。8 时，德军出动 2 个步兵师和 150 辆坦克从这个缺口冲进拖拉机厂，遭到隐藏在废墟瓦砾中的苏军战士和工人的殊死抵抗。经过一场恶战，德军虽于当天午夜凭其巨大优势兵力占领了拖拉机厂，但是却在工厂的围墙内外抛下了将近 3,000 具尸体和 40 多辆坦克残骸。

崔可夫将军回忆说："10 月 14 日将作为整个斯大林格勒战役中最为血腥、最为残酷的一天而被载入史册……"这一天夜间，"我们用船运到伏尔加河东岸的伤员就有 3,500 人之多。这个数字在城内整个作战期间是最高的了。""过了这一天以及紧接着的三天后，我们已经知道敌人是无力再发动这样的攻击了；即使我军再次被分割，我们的部队也仍然能屹立在伏尔加河的两岸。"

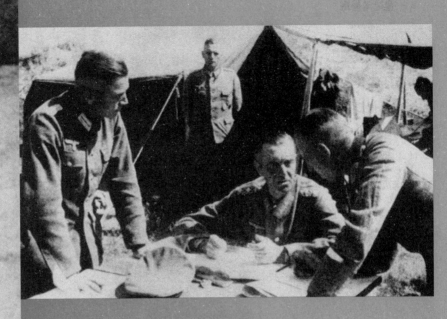

▲ 德军第 6 集团军司令保卢斯（中坐）在斯大林格勒前线指挥作战。

◀苏军第 62 集团军司令员崔可夫（左二）在前线司令部与部下研究作战计划。

　　自从德军于 8 月下旬渡过顿河以来，苏联军民已在斯大林格勒坚守了 2 个多月。在此期间，德军同时用 10 个师和 500 辆坦克发动的总攻击共有 4 次，出动 2~3 个师和 200 辆坦克进行的冲击有 50 多次；用一个师和 70 辆坦克进行的冲击也有 50 多次；用一个团和 20 辆坦克进行的冲击有 120 多次；用几个独立营和连在坦克支援下进行的冲击有 1,000 多次。与此同时，德军还出动飞机 10 万余架次，向城区投下了 100 多万枚总重量达 10 万吨的炸弹。斯大林格勒每一平方公里的土地上投下了将近 2,000 枚炸弹，遭受主要攻击的地面，每平方公里达到 5,000 枚。整个城市，已成焦土。尽管法西斯匪徒凶恶猖狂，气势逼人，但斯大林格勒的保卫者依旧奋战在几个坚强的"岛"上岿然不动，把德国的重兵集团牢牢地吸引和牵制在斯大林格勒城内。

　　10 月 25 日，保卢斯曾电告希特勒：最迟要在 11 月 10 日拿下斯大林格勒。但是，德军损失惨重，士气低落，已无力再前进一步。这迫使希特勒不得不以预感不祥的心理，一反原来的腔调，大吹防御的好处

11月8日，他打肿脸充胖子，对其党徒们发布指示："我们将确保我们所占有的东西"；"假如敌人要进攻，我首先不愿它停止，因为防御总是比较占便宜，而且，敌人将在进攻中消耗至死。"

希特勒这个战争狂人，表面上看，雄踞欧洲，虎视全球，是个庞然大物，可是在斯大林格勒军民同仇敌忾、万众奋起的人民战争的抗击下，其实力不断削弱，其根底日见动摇，已越来越变成一个实实在在的泥足巨人了。在苏军统帅部早就精心挖掘好的泥潭陷坑之中，德军欲进不能，欲退不得，越陷越深，必将"消耗至死"！

斯大林格勒保卫战役即将取得决定性胜利。

第二次世界大战的历史转折点即将到来。

▲ 苏联步兵向德军发起反攻。

No.2 罗斯福、丘吉尔卡萨布兰卡再聚首

1943年1月中旬的一天，一位身体健壮、矮胖秃顶的68岁老人，在安法海滩上观山望景。安法在摩洛哥首都卡萨布兰卡的南部，这里和煦的阳光与英格兰严冬刺骨寒风判若两重天地。温斯顿·丘吉尔相对安静地住了几天，观赏巨浪来回拍打海滩的美景。

丘吉尔兴致勃勃地在海水中漫步，巨大的浪潮使他越发感到兴奋。但是他的思维活动很少离开公务，这里的浪潮好像在提醒他，两个月前，乔治·巴顿将军率领的美军就是在这附近登陆的，难怪有那么多的登陆艇和橡皮船连船带人翻到海里。

丘吉尔很少单独在沙滩上散步，总会有英国陆、海、空三军的高级将领跟随着他。因为丘吉尔和他的军事顾问们不是来这里度假的，他们正在筹备一个最富于戏剧性的会议——卡萨布兰卡会议。罗斯福总统和他的随从人员计划在两天内，即1月14日到达。

原来，美、英两国首脑计划从1月14日起，在摩洛哥濒临大西洋的海滨城市，举行最高级会晤。原计划邀请斯大林参加，但斯大林以冬季战役在进行中，"我连一天也离不开"为理由，谢绝入会。

为保证能安全抵达会议召开地点，英、美两国保安部门苦心孤诣，制订出掩盖领导人去向的秘密出行计划。罗斯福被装扮成"Q"海军上将，出行视察地中海地区美海军作战情况；丘吉尔则成为空军准将弗兰克福，临时乘坐以美国特使哈里曼名义注册的飞机，陪同哈里曼飞往阿尔及利亚检查工作。丘吉尔则自称"P先生"，这样，他俩的名字便只以"P'S"和"Q'S"的形式出现。

会议于1月14日开始，23日结束。

在反法西斯斗争形势一片大好的情况下召开的卡萨布兰卡会议，处处弥漫着轻松、喜悦的气氛。卡萨布兰卡作为大西洋边的海滨城市，气候适宜，风光绚丽，充满着阿拉伯式的异国情调。会议既是度假，游山玩水；又是办公，决定大计。

据说丘吉尔一直是在大吃大喝中处理大事，每日打球玩牌，自得其乐。罗斯福全家也在卡萨布兰卡相聚，共享天伦之乐。罗斯福还专门抽时间与驻地附近的第9步兵师2万名普通军人见面，并与他们共进午餐：听着乐队演奏的乐曲，吃着火腿、甘薯和水果色拉，迎着大西洋刮来的阵阵海风，显得格外有趣。

在会议召开之前，马歇尔念念不忘的依然是他那个1943年横渡英吉利海峡的作战计划。为此，他严令手下新任作战计划处长魏德迈将军制订出横渡英吉利海峡的详细作战方案，而且一定要像样。

魏德迈不敢怠慢，72小时后，一份详实计划方案送到参谋长手上，马歇尔读完后，据说满意得直哼哼。

魏德迈建议马歇尔，要严守方案的各个细节秘密，尤其是不让"不友好分子"知道。"不友好分子"特指英国人。魏德迈十分清楚英国人的态度：这些英国人虽说决心要回欧洲大陆，但不是现在，他们对1943年就进行登陆作战，尤其反对。特别是丘吉尔，他只顾打"鳄鱼的肚子，不想碰鳄鱼的头"。如让这些人知晓此方案太早，就会有时间找出种种理由，把这个方案"枪毙"掉。

　　事情果然不出魏德迈所料，在卡萨布兰卡的会议上，美军首脑们发现，英国人已经知道美国所要提交讨论的计划的细节，并做了充分研究，是有备而来的。双方讨论还没有几个回合，马歇尔钟爱的横渡英吉利的作战计划便成为一张废纸。

　　据魏德迈猜测，肯定是与马歇尔过从甚密的英国人约翰·迪尔爵士获取了作战计划，并透露出去。此人为英国军队驻华盛顿首席联络官，他和华盛顿的上层军方人士相处得不错，后来成为马歇尔推心置腹的知己。

　　卡萨布兰卡会议在军事上虽然推翻了美国拟定1943年进攻欧洲大陆的作战计划，但没有取消未来进攻法国的最佳行动。

　　会议决定：继续在英伦三岛集结美国部队，计划到1943年12月31日集结938,000人，以便最后进攻法国，设立一个新的联合指挥部（COSSAC，盟军最高统帅参谋部的缩写），立即着手这一紧要行动，即以后人所周知的"霸王"战役。

　　这次会议后，英美两方在伦敦联合建立了COSSAC，专门挑选出英国陆军中将弗雷德里克·摩根爵士任参谋长，但最高统帅还尚待任命。

　　对这次会议的结果，丘吉尔十分满意。盟军的军事活动终于按他的要求集中于地中海地区，下一步顺理成章，就应向意大利或巴尔干地区进攻了。丘吉尔念念不忘的是那个从"鳄鱼的腹部"逐渐发展来的巴尔干计划。这一计划包含着政治和军事两重目的：从军事上说，

◀ 1943 年 1 月，英国参加卡萨布兰卡会议的高级官员。前排中为丘吉尔，右一为布鲁克元帅，后排左三为亚历山大将军，左四为蒙巴顿将军。

▶ 参加卡萨布兰卡会议的美军高级官员。前排左起马歇尔将军、罗斯福总统、金海军上将，后排左起霍普金斯、阿诺德将军、萨维莫尔将军、哈里曼。

从德国军队的外围打起，逐步推进，这些外围并非是德国防守的重点，花费的代价较少，英国人可少受损失；至于对德战争的主要战场就让苏联人去面对吧。至于政治上，就更有好处了。一旦盟国进入反攻，选择巴尔干地区进军，可直达中欧，能先于苏联人控制中欧，对恢复英国人的势力范围，这是一条捷径。

以马歇尔为首的美国军方人士，对会议又一次推迟横渡海峡攻击欧洲大陆而闷闷不乐。美国人也自有其打算，但此时，美国自己的军队还没有多少战争经验，还在扩编之中，假如跨海峡作战真的在 1942 年或 1943 年进行，担任进攻主力的将是英国军队，所以不能强迫英国接受自己的建议。但以后再不能让丘吉尔和英军首脑们左右渡峡攻击计划了。

正在苏德战场浴血奋战的苏联人，听到第二战场开辟的时日又推到一个未定的日子，十分不满。本来，马歇尔按原计划在会议结束后，要专程去莫斯科，通报会议的结果。斯大林听说渡峡作战方案已被英国人否定，便索性通知马歇尔也别到苏联来了，取消了这次访问。斯大林进一步向罗斯福和丘吉尔电诉其不满，说盟军的北非行动绝没有使德国人抽调一些师团离开苏德战场，反倒由于盟军在突尼斯进攻缓慢，却让希特勒得以把 27 个师调到东线，更加重了苏联的困难。

其实，从英美军队的当时实力看，虽然在 1942 年或 1943 年在欧洲实施大规模登陆突击有一定困难，但也不是克服不了的：如决心进行"铁锤"行动，送 5、6 个师到欧洲大陆并占据一个桥头堡，完全有这个能力。

　　1942 年 11 月，盟军在北非登陆成功，13 日，斯大林答复美联社记者亨利·卡西迪所提出的问题时曾说过："非洲战役再次驳倒那些断言英美领导人不能组织重大战役的怀疑论者。横渡大洋成功地登陆北非，迅速占领港湾和大片土地，以及如此巧妙地击溃意德联军，像这样一些重大的作战行动，只有第一流的组织者才能实行。"这些话表面上是赞扬北非战役的成功，但实质则是说，百万盟军成功地在北非登陆证明，他们完全有能力穿越英吉利海峡，登上法国的海滩进行类似的攻击，他们所缺乏的只是在西线出击的意志而已。

　　德国当时海岸防御专家、德国海军中将弗雷德里希·卢格的观点："同盟军本来完全能够在 1942 年以较小的兵力在法国建立一座桥头堡。"当时"德国大部分陆军和空军正在东欧作战，消耗了巨大的人力和物力，而在西欧只留下了 33 个步兵师（其中有许多正在进行训练）和一些缺乏战斗力的空军与海军部队（潜艇部队除外）"。当时的"大西洋壁垒"还徒有虚名，海岸防御工事很不完善，"许多火炮很旧，且无防护设备，匆忙凑合起来的炮手也没有受过海上目标射击训练。"

　　机会再次被错过。

1942 年 11 月，盟军在北非登陆。

No.3 美国人获得了话语权

1943年，美国的扩军计划在加速进行。"民主国家的兵工厂"源源不断地把飞机、坦克、大炮运到世界大战中的各个战场。装备整齐，年轻气盛的美国军人整师、整团登上运兵船，像定时航班一样被运到北非大漠、送到英伦三岛。

为协商英、美两军在北非战役后的军事行动，制订新计划，丘吉尔又上路了。这次是去华盛顿，在白宫召开英美高级军政首脑会议，会议代号"三叉戟"。

5月4日，豪华邮轮"玛丽王后"号载着丘吉尔一行和5,000名左右德国战俘离开英国。为此目的，英国对邮船进行了改造，在主要舱面设置首相的办公室、会议室、地图室、卧室，并与其他舱面隔开。为掩盖船上贵客的身份，迷惑敌人，特工人员费尽心机，在船上贴了一些荷兰文写的通告，说是荷兰女王威丽明娜及其随行人员乘船到美国旅行。船内各上下通道都专门修建了残疾人轮椅专用斜坡道，暗示该船从美国返回时，美国总统罗斯福将乘此船访英。按丘吉尔的逻辑是传说愈多，就愈安全。果真此行还算安全，德国潜艇没有找这艘船的麻烦。

第二天晚上，有一艘德国潜艇在此船前方约24公里处穿过，没有理睬这个庞大的邮船。

不过这也让丘吉尔紧张一阵子，想到有掉到水里的可能，便和哈里曼打趣道："如果一个人掉到水里，而他们又没法把我捞上来，那也许是不太妙的。"

5月11日，邮船抵达大西洋彼岸，丘吉尔一行人乘车到华盛顿，参加为期两周的"三叉戟"会议。

5月12日，会议正式开始。丘吉尔，由于突尼斯的胜利而精神振奋，表现出一副从未有过的浑身轻松状态，在会上侃侃而谈。他认为现在已经看到了"胜利的曙光"，因此还要加大力度，打击"欧洲的下腹部"，要大规模渡越亚得里亚海，打进巴尔干。

但此时的美国人已是兵强马壮，不甘心听命于丘吉尔。

马歇尔和他的手下参谋们，完全从军事目的出发，希望尽快结束战争，要对希特勒的最后老巢施以致命的一击，决意要在1944年渡海，掀起横扫欧陆的狂飙。丘吉尔"花里胡哨"的语言，再也欺骗不了他们了。丘吉尔把进攻巴尔干的好处说得"天花乱坠"，马歇尔及其参谋们也不为所动。罗斯福也完全支持马歇尔的主张，在会议上要求把盟国的主要力量用于横渡英吉利海峡，进攻法国的重大行动中。

这项行动在这次会议上正式定名为"霸王"行动，建立苏联从1941年以来就要求开辟的第二战场。

据霍普金斯记载，横渡海峡作战行动的日期定于1944年5月3日。开始的进攻由9个师负责（其中两个师空运），在拿下桥头堡时，立即有 20 多个师配合行动，进入桥头堡。4 个美国师和 3 个英国师将在 11 月 1 日之后由地中海调去，参加"霸王"行动。然后，以每月 3 至 5 个师的平均速度，由美国本土不断地调出美国的部队。

在"玛丽王后"号船上，丘吉尔曾忧虑地对哈里曼说过，他担心美国的军事计划人员将坚持把部队和装备调回英国，以便渡海进攻法国，而不是利用像他所注意到的在地中海的新机会。丘吉尔的担心现在变成现实，在地中海的军事行动规模被大大压缩了，对此，丘吉尔好不失望，但也无法可想，只得以后找机会"开溜"了。

美国人对这次会议的结果是很满意的。罗斯福总统对会议所取得的结果相当满意，对决定 1944 年渡过海峡的军事行动，他认为这是战胜德国的关键步骤，这是"我当时所能取得的最大收获"。

久拖不决的欧洲第二战场至此有了眉目。

No.4 魁北克，英美商定"霸王"计划

"玛丽皇后"号超级邮船又出行了。

1943 年 8 月 4 日晚，丘吉尔及其随行的 200 多名各级官员登上停泊在克莱德湾的巨大邮轮，启程前往加拿大魁北克，参加代号为"四分仪"的盟国最高级会议。这次会议的重点是审查和讨论"霸王"作战计划问题。

"玛丽皇后"号在大西洋破浪而行，周围环绕着几艘重型巡洋舰，执行着安全警戒和对外联系的任务。大西洋上德国的势力几乎全部消失了，再不用担心德国人的潜艇攻击了。丘吉尔一行在船上享用着战前的伙食标准，住得舒适。他们白天呼吸着海洋上的新鲜空气，沐浴着阳光，气氛轻松，晚上和其他空闲时间则考虑着未来的作战计划。

航程漫长，行期 5 天，丘吉尔有时间好好地准备在会议上要讨论的问题。为配合魁北克会议，盟军最高统帅的参谋长摩根中将特派几名军官，向丘吉尔汇报横渡海峡计划制订情况。

丘吉尔在第二战场的开辟问题上，力主否定了美国的"铁锤"计划，把横渡海峡的时间从 1942 年拖到 1943 年，后来又改到 1944 年。

在"三叉戟"会议上，丘吉尔虽同意 1944 年 5 月 1 日发动"霸王"战役，但同时又提出几个附加条件：认为只有英美部队必须赢得无可争议的空中优势，而且还必须决定性地击败德国潜艇，然后才能成功地进攻法国。而这些条件当时还不具备，这就为丘吉尔进一步做出延期实施登陆计划留下了借口。丘吉尔看到不能直接反对美国关于横渡海峡的建

议，就又玩起间接策略，含糊同意，实质拖延。

是不是丘吉尔对重返大陆不感兴趣，根本不打算如此做呢？公正地说，丘吉尔也是决心重返大陆的，他心里并不愿意放弃"霸王"计划。他从 1940 年起，就不断派小股部队偷渡到大陆进行骚扰破坏，实行打了就跑的战术，在 1942 年还进行了正面登陆的尝试。

为了检验英国人所发明的各种新式登陆器材，间接减轻英国军队在阿拉曼附近的困难，丘吉尔命令盟军约一个师的兵力，于 8 月 19 日清晨，在法国塞纳河口东北约 80 公里的小港口城市第厄普地域强行登陆。在强大空军和舰艇编队的支援下，几千人在第厄普附近 4 个地点登上法国海岸，但当地德国人的防御也很顽强，登陆战激烈异常，盟军不敢贸然把预备队全部投入战斗。激战终日，登上大陆的盟军寡不敌众，大部分被德军消灭，少部分退到船上，还有 1,000 多人当了俘虏，几艘军舰被击沉，损失飞机达 83 架。

德军迅速而有效的反应给丘吉尔留下很深的印象，他认为攻取敌重兵守卫的滩头阵地并不容易，即使能够占据整个滩头阵地，也不易向纵深发展，很可能重蹈第一次世界大战中阵地战的覆辙。一战中帕斯舍德尔和松姆河等阵地战，他记忆犹新。一旦在敌人的重压下，登陆兵力从滩头清退，那就要葬身英吉利海峡，水中浮尸遍布，波涛尽赤。

为挽救日渐衰弱的帝国，当务之急是把英国那本已有限的人力和物力资源保存下去，绝不贸然投入到没有把握的横渡海峡的冒险活动中。为达此目的，丘吉尔实施的是"紧缩包围圈"的战略：他紧盯的"欧洲的下腹部"，是"鳄鱼的软肚皮"；他要靠海军、空军削弱德国的战争潜力，陆军则从外围入手，利用一切可能出现的机会，随机应变地处置各种事情。这些不仅是丘吉尔的"得意之策"，也是英国军方的战略指导思想。对于一个其资源与其世界范围的利益早已无法适应的国家来说，也只能采取这种策略。

美国就不同了。美国的资源太丰富了，要人有人，要物有物，以致美国人的军事传统，就没有以弱胜强这一说。美国人强调的是实力，在实力思想的支持下，别人有的，我们要有；别人没有的，我们也要有。飞机要比敌人的飞机更多、更有威力，坦克、大炮也不例外。在这种实力思想的支持下，美国的军事传统讲究的是按一定计划把仗打到敌人那里去的政策，而且要直接打敌要害，攻其老巢；要直接奏效，能"一锤定音"。至于这种计划在当地能取得多少支持，将遇到什么阻碍，多是置之度外的。这种打法是壮观而迅速的，这种打法也是与美国的资源与工业力量相适应的。

美国的军事传统落实到行动上，突出的是军事计划人员的作用。美国的军事指挥官很少是连、营、团等一级级爬上来的，任命时很少看你过去的战斗经历，指挥过多少军队，主要看你的计划、管理能力和相应的学历。马歇尔作为美国参加第二次世界大战的主要领导者，1897 年在弗吉尼亚军校学习，当时他只有 16 岁。1914 年第一次世界大战爆发时，马歇尔 34 岁，是一个当了 12 年军官的中尉。他在法国参战期间，被美国远征军总司令相中调到参谋部工作。在第一次世界大战中，马歇尔连一个营的兵力都没指挥过。第一次世界大战结束后，他于 1924 年到中国天津，在驻天津的美军第 15 步兵团长没到任之前领导该团，在几个月内，把该团管理得不错。他在中国任职时，正赶上中国军阀混战。东北军阀张作霖把劲敌吴佩孚赶出北京，马歇尔秋季到天津后不久，吴佩孚的 10 万散兵游勇开始涌入天津。

如何对待这些散兵，对马歇尔是个考验。让散兵随意游动，进入天津，则可能造成混乱，因这些人有的是劫持火车而来，有的是坐汽车而来，也有的是靠骑马、骑骡、徒步而来的。这群大兵饥肠辘辘，衣衫褴褛，他们虽无粮草，却不乏武器弹药。马歇尔接令，部队要保持戒备状态，要保护好租界及在华公民和财产，但驻华部队不得同中国人发生冲突，所以，马歇尔又不能强令制止散兵进城。怎样能防止这些怒气冲冲、忍饥受饿的人不造成事端，又不与他们发生正面冲突？

马歇尔思来想去，终于悟得一法。他下令调运本团给养一部分，并亲到城中粮店买了一部分粮食运到天津郊外各路的车站、码头，并设岗，由一名下士和五名士兵把守。马歇尔特别交代道："向他们（散兵）讲清楚，他们交枪，我们给饭。不交枪就别吃饭。"

果然，那些北洋军阀手下的乱兵们见到路边供应的米饭、熬白菜、茶水，再也坚持不住，纷纷把武器弹药交出，换取一顿饱饭。溃败的大军被如此乖乖地缴了械，没有一兵一卒带枪进入天津。马歇尔的此番举动也受到上级的表扬，但也仅此而已。两个月的代理团长期满后，他没能转成正式团长，新任团长来了，他只得交权了事。

到任美国陆军参谋长时，在马歇尔的履历表上，他的基层任职情况只不过是当了几个月的代理团长，后来在美国最大的步兵学校本宁堡任过一段副校长，但这些简单的经历和少得可怜的战争经验没有妨碍马歇尔成为军事战略家。

第二次世界大战中盟军的另一高级指挥官、盟军最高统帅艾森豪威尔甚至就没在基层呆过。他 1926 年在美国参谋本部学院毕业后，几乎一直在机关工作：1929~1933 年任美国陆军部副部长办公室助理；1933~1935 年在美国陆军参谋部工作；1935~1939 年就任美国驻菲律宾军事顾问团助理。这些年艾森豪威尔几乎都是在脱离实际的环境中，坐在办公室搞参谋工作，从事军事计划的制订和答辩。第二次世界大战爆发后，他被派到华盛顿州的第 15 步兵队当了几个月的领导，后来这个步兵队编入第 3 师，他的军事一把手的职

▲1943 年 5 月 4 日，艾森豪威尔登上一艘英国军舰。

务又被免去，又操起他的老本行，担任师参谋长、军参谋长。几个月后，太平洋战争爆发，马歇尔把他调到陆军部作战计划处工作，不久之后就任改组后的参谋本部作战处处长。

艾森豪威尔虽然从军多年，但从未到前线打过仗，是多年的参谋、计划工作造就了他，成为第二次世界大战中著名的战略指挥家。

以马歇尔、艾森豪威尔为代表的美国军事领导人，尽管具体战争经验很少，但他们善于学习、不受旧式战争框架的限制，勇于接受新事物，能把美国的经济潜力转化为战争实力，并在新的战争形式中实现。在这一点上，他们继承和发扬了美国的军事传统。最早提出横渡海峡攻入欧洲大陆计划的基础，就是依据美国的战争潜力作出的。

他们先是在战略思想上摆正美国的位置。当时与轴心国交战的苏联、英国、美国三方，只有美国可随意选择攻击的敌人。如果美国当时全力以赴立刻去抗击日本，就会使盟国的力量分散，所以，美国计划把力量的重点放在抗击欧洲的敌人，放在打击德国上。美国的目的是明确的。把这一目的作为一个原则是容易的，但要把这一目的通过具体计划实现出来，并得到盟国各方的一致赞同，则困难得多。

马歇尔及其手下的作战处曾为此作过周密的考察，要为美国部队选择一条准确的作战行动路线，以便最有效地把美国的潜力用来对付德国人。

把美军用于苏联战线一侧是一种选择，但现实上没有可能性。当时通过苏联的路线只有两条，而且都很漫长，要走迂回、曲折的路才能到达苏联前线：北线要经过北大西洋、冰岛，才能抵达摩尔曼斯克，这一条线上德国潜艇活动猖狂；南线则要折过好望角驶向波斯湾，路途遥远。

把美军用于地中海区，使之成为对德发动主攻的另一个战场，也是一种选择，但现实的地中海也并不风平浪静。地中海东部对盟国来说是个禁区；马耳他岛虽在英军手中，可不断受到围攻，压力越来越大，从西西里和意大利起飞的轴心国飞机经常攻击这里；如果马耳他起不了作用，从直布罗陀直接进攻意大利和西西里的任何企图，肯定失败无疑，因为进攻部队得不到防御性的空中支援，直接暴露在敌人以陆地为基地的空军袭击下，无法登陆，必然葬身海底。

还有地中海的地理位置也决定它不能成为主要进攻战场。一是，如把北非作为盟军基地则远离欧洲腹地和德国中心。而且首先要打败意大利才能进入德国。二是，意大利虽是轴心国一员，但力量最弱，意大利的垮台对德国的影响不是决定性的；从意大利进军德国腹地要穿越南欧的自然屏障阿尔卑斯山，困难很大。三是，如从巴尔干地区进攻，经南斯拉夫进入德国，路途遥远，要经过卢布尔雅那隘口，大部队进军也不是易事。故此选择也被美军断然否定。

让美军通过挪威、西班牙和葡萄牙发动进攻也不失为一种选择。美军计划部门对此也进行了周密的研究。因为这些地区没有盟军的空军基地，超出了以英国为基地的战斗机航程之外，单靠海军火力掩护不能奏效，很快这一方案也被排除掉。

再一条进攻德国的路线是从英国出发直捣德国腹地。这种选择，最符合美国人紧盯目标不计其他的军事战略，最具大刀阔斧、致敌要害的作用。这种选择，可同时考虑到集中兵力的需要、抵达德国中心的距离、对难以通行的险要地形的迂回以及扩充兵力的进度等多种因素。

这种选择虽具一定的风险和困难，但并非办不到。以艾森豪威尔等人为首的计划制订者们，从军事武器的发展中，看到新的作战方式在未来战争中的重要性。他们提出一种新的战略思想和作战方式：陆空一体战；海陆空一体战。

飞机作为武器进入战争已几十年了，舰船作为武器运用于战争都几个世纪了，各自的优势前人做了好多研究，新理论也各有特色。

历来这些武器的使用都有自己的范围。飞机属空军，舰船归海军，分属不同兵种。各自为战，你打你的，我打我的。德国人是这样干的，苏联人也不例外。英国人虽有改进，但也未跳出此框架。

美国人就不同了。作为一个年轻的民族，他们没有历史的重负，很有些想象力，有一种不断探求"新大陆"的精神，提出崭新的一体战的理论：

一个地空协作单位的作战效果是两个单独军种作战效果的几倍。地空协同作战的结果不但彼此不会受到制约，反而会使空军基地不断地向前推进，并把战略轰炸效果与地面部队的战略联系起来。因此，空军不断协助地面部队向前推进，不但有利于空军进行远距离轰炸，而且选定目标的摧毁将为战胜纳粹做出更加直接有效的贡献。

艾森豪威尔如是说，虽枯燥，但有内容。有此新观念，又有美国的潜力，一幅反攻欧洲大陆的蓝图拟就了：海陆空一体战，在"大西洋壁垒"上打个大缺口，捣毁德国人老巢。

1942 年，马歇尔就坚信，打败德国，唯有此招。

现在是 1943 年 8 月，马上就要跨入 1944 年了。虽说 5 月份的"三叉戟会议"已确定"霸王"行动的日期，但与丘吉尔打过几次交道后，马歇尔深知对方念念不忘的还是那个"巴尔干"计划。

"我们不能再等待了。"马歇尔对其手下的参谋们说。很快美军方已统一意见，一致同意在 1944 年渡海，大战一场，将纳粹一举消灭在欧洲大陆。

军方统一意见后，马歇尔想到还要做总统的工作，和总统统一意见。可总统现时不在华盛顿。

1943 年 7 月 30 日，一个炎热的夏天的晚上，总统乘他的那个专列，前往加拿大安大略省的伯奇伍德去避暑度假了。

伯奇伍德位于乔治安湾，风平浪静、气候凉爽、风景宜人，是避暑的圣地。8月1日，罗斯福抵达乔治安湾，登上美国军舰"威尔麦特"号。舰上已为总统准备了捕鲸船和汽艇，军舰把总统送到麦雷格戈湾去钓鱼。在一周时间内，白天，他们呼吸着新鲜空气，沐浴着阳光，自由自在地在海上垂钓，轻松而愉快；晚上，总统回到专列上，处理来自国内和世界各地的电文，与手下的顾问班子讨论战争总形势，紧张而热烈。

8月9日晨，精神和体力都得到恢复的罗斯福返回华盛顿。

得此消息后，马歇尔便驱车直奔白宫，商议美国代表团在即将举行的英美魁北克会议上应采取什么立场。

身着戎装的马歇尔一进白宫的椭圆形办公室，见罗斯福已坐在桌后，手夹着雪茄，双目微闭，正沉思着什么。

马歇尔寒暄几句，便切入正题，把丘吉尔对"霸王"计划的疑虑，及美军方的打算和盘托出。

罗斯福完全赞同参谋长联席会议的意见，对马歇尔说："我完全不希望直接或间接参加巴尔干的战事，而且也不同意盟国远征军在这个地区登陆，因为这将要求美国提供新的资源——舰只、登陆艇，这些东西都是其他战役所必需的。"

总统和参谋长的意见完全一致。

8月11日，美国陆军部长史汀生拿着一封亲笔签名的正式信函来到白宫，亲手交给了总统。他刚到伦敦和北非转了一圈，通过与丘吉尔的会见，以及与艾森豪威尔会商，得知丘吉尔正不断催促艾氏在地中海放开手脚，在意大利大干一场。这些会谈使史汀生认识到，丘吉尔是个难对付的人物，有可能在"四分仪"会议上重谈"巴尔干计划"。

在信中开头，史汀生就作出结论说，在英国人的指挥下，盟军不可能期望跨过海峡，与德军进行决战。史汀生认为，在达达尼尔海峡和敦刻尔克的经历已把英国领导人吓坏了，他们不敢在欧洲大陆上实

▶1943年8月11日至24日，美英召开第一次魁北克会议，中坐者从左至右依次为加拿大总理麦肯齐、美国总统罗斯福和英国首相丘吉尔。

施登陆作战。他们只会对"霸王"作战计划表面上说说赞成之类的话，但骨子里却没有决心和热忱。

史汀生信中说的另一点是，英国人确实认为没有必要在法国北部集结英美两国的大量军队。他们的想法是，在意大利北部、东地中海地区、希腊、巴尔干地区和罗马尼亚实施一系列消耗战，即"零打碎敲"，德国就可被打败。

最后，这位部长也毫不客气地给他的上司出了道难题，即：

所以，我认为是你下定决心的时候了，在我们所面临的欧洲战争的最后阶段，你的政府应该担负领导责任。我们不能在没有把握的情况下开始这种最危险的作战行动。大约在两年以前，英国方面主动提出由我们来指挥，我认为我们现在应该接受这一提议，如果必要的话还应坚持下去。

在信的结尾，史汀生认为唯有马歇尔才能承担起统率进攻欧陆盟军的领导责任。

罗斯福蛮有兴致地听他讲述北非之行，又认真仔细地读完他的信，然后，一字一顿地说道："我也得出了同样的结论。"

史汀生后来回忆道："这是我所经历的一次最圆满的会晤。"会晤后，史汀生发现罗斯福此时比战争期间任何时候头脑更清醒，态度更明确。

美国方面很快统一了思想：军事战略方针上，盟军在意大利的推进不能超过罗马，主要进攻重心应放在欧洲西北部；进攻欧陆时，美军在英国的兵力应该超过英军的数量，这样，顺理成章，美国人应当担任整个盟军的司令官。只要美国人当上司令官，就可不受丘吉尔那"古怪"想法的左右了。

美、英双方各自经紧锣密鼓的准备后，魁北克"四分仪"会议于 1943 年 8 月 14 日上午 9 时 30 分正式开始。

会议主持者，英军参谋总长阿兰·布鲁克爵士首先讲了英方对未来战争发展方向的看法，其中心是坚持继续扩大意大利战役的立场。此番意见激怒了美方金上将，以致使其出言不逊，双方争吵起来。马歇尔出面平息了两人的争吵后，着重谈了美军明确反对在地中海地区进一步承担义务。会议一开始对意大利战役在整个战局中的影响产生了分歧。

第三天，联合参谋长会议进一步讨论意大利战役和"霸王"战役。会议进展不大，双方各说各的。

8 月 17 日，罗斯福乘其防弹装甲专列抵达，同车到达的还有丘吉尔。丘吉尔于 8 月 9 日乘船到达哈利法克斯港，乘车抵达魁北克后，又于 8 月 12 日到海德公园与罗斯福会晤，并准备在罗斯福寓所小住两天。

在去海德公园的旅途上，丘吉尔携妻参观了举世闻名的尼亚加拉大瀑布。

此行引起新闻界的兴趣，记者蜂拥而至，参观是在记者的陪伴下进行的。游览途中记者见空插问，丘吉尔的嘴巴一刻不得轻闲，这位老政治家不失幽默应付有道。

当来到大瀑布附近，遥看全景时，有记者问丘吉尔："您看到这个大瀑布有什么感想？"

丘吉尔回头望望提问题的这个小伙，不假思索地答道："在你们出世之前，我就看过这个大瀑布了。我第一次到这里来是 1900 年。"

有记者不甘心，又问了一句："它看起来和从前一样吗？"

"哦，"丘吉尔应了一声，又加上一句，"原理看来是一样的，水仍然是往下流。"

丘吉尔的回答引发阵阵笑声，整个游程颇显轻松。

几天的游览访问告一段落，他们与罗斯福来到魁北克，商议盟国的未来计划。

8 月 18 日，美英参谋长们继续开会，一方面，各自首脑已亲临此地；另一方面，参谋长会议收到海军部门提供的一条令人鼓舞的消息：盟军在大西洋对德国的潜艇战中取得了巨大进展，已基本消除了德国潜艇的威胁。潜艇作为摧毁性水下武器曾严重威胁到大西洋航线的安全，而大西洋航线是盟军的生命线。现在，英国人对大西洋航线的安全不再担忧，这多少也鼓舞英军参谋部门。在这天的会议上英国人做了一些退让，不再强调地中海战役。

8 月 19 日，丘吉尔和罗斯福亲临会场，参加联合参谋长会议。

在这次会议上，除讨论欧洲战场行动方针外，还讨论了亚洲与太平洋战场的形势，达成任命英国蒙巴顿勋爵接替韦维尔陆军元帅为东南亚战场盟军最高统帅的意向。

8 月 23 日和 24 日，是会议的最后阶段。丘吉尔考虑到整个形势，特别是苏联红军于 8 月份结束了库尔斯克战役。这是第二次世界大战中规模空前的坦克大战，苏联红军以不可阻挡之势，彻底摧毁了德军赖以起家的精锐装甲兵团。此战标志着苏德战场的主动权已完全转入到苏军手中。

如果说斯大林格勒附近的会战，预告了德国法西斯军队的覆灭，那么，库尔斯克附近的会战，就使得它已经处在覆灭的边缘。在这种情况下，英、美盟军再拖延第二战场的开辟，苏联红军单靠自己的力量就能打败德国、占领欧洲，如此一来，美、英战后很可能失去欧洲。

鉴于此，丘吉尔同意了美国的主张。这次会议决定"霸王"作战是 1944 年的主要作战，在人力和资源的分配和使用上，首先应满足"霸王"战役的需要，以确保这次战役的成功，然后再考虑地中海战役计划。

会议批准了盟军最高统帅部参谋长摩根中将领导的计划参谋部制订的登陆作战纲要，同意把作战开始日期（"D"日）定为 1944 年 5 月 1 日，并授权摩根将军着手拟定详细的行动计划和进行全面的实际准备工作。

"霸王"战役总指挥的人选问题也被提上会议议程，并决定由美国人担任，地中海的指挥权为平衡起见则交给英国。

美国军事家们在会议上提出，在法国北部实施大规模登陆作战的同时，在法国南部进行一次牵制性登陆，这一被最后定名为"龙骑兵"的议案也通过了。

英、美的军事参谋们在会议期间还讨论了登陆中的人工码头的设计和制造问题，好多美、英发明家异想天开的杰作，被送来进行鉴定。

其中有一项称作"哈巴卡克"的设计，这是英国蒙巴顿爵士部下派克先生提出来的。他的设想是用取之不尽的水，填加上某种混合物，再结成冰。它的面积很大，可以当作飞机跑道、人工码头。这种结构外形设计得像一只船，其排水量有 100 万吨，其上安装动力设备，能缓慢地在大洋上自行运动，并配有防空自卫武器、修理车间，为防止冰混合物融化，还设有一座小型散热工厂。

这项设计之出人意料之处是将某种数量的各种形态的木浆，加入到普通的海冰之中，由此产生的混合冰，可以改变一般冰块的易碎性，而变得极其坚韧。这种冰在融化的时候，木浆等纤维质很快形成一种毛茸茸的外层，那外层是个良好的隔热层，能大大延迟冰的融化。

这种混合冰以发明者的名字命名为"派克里特"。一块预备好的、高约 0.9 米的"派克里特"从冷藏车中搬到会议地点，要当众试验，与另一块同体积的普通冰块比试高低。

试验由联合作战部首脑蒙巴顿主持。他拿出一把形状特殊的砍刀，邀请在场的大力士把每块冰砍成两半。所有在场的人们一致推举阿诺德，他力大无比，臂力过人。阿诺德也当仁不让，脱掉外套，走上前来，挽起衬衣袖子，拿起砍刀，抡圆了砍将下去，只听"咋"的一声，那块普通冰块裂成两半。

在众人高叫"好""好"的欢呼声中，阿诺德转过身笑笑，双手交叉着，活动一下十指，然后又拿起砍刀，走向那块"派克里特"，照样抡圆了砍刀。当砍刀接触"派克里特"的一刹那，一声痛苦的大叫从阿诺德嘴中同时传出，刀也滚落到地。再看"派克里特"纹丝未损，阿诺德的双臂却被震得疼痛不堪了。

接着，主持者蒙巴顿招呼众人后退几步，只见他从衣袋掏出枪来，"咔嚓"一声，子弹上膛。他准备用子弹来检验"派克里特"抵抗枪炮的能力，这就使表演达到高潮。人们屏息静心，眼盯着试验品。

"砰"的一声，普通冰块枪响后变成碎块。再推上子弹，蒙巴顿又瞄准"派克里特"开枪，这种冰块不愧是新发明，竟坚硬得把高速子弹弹了回来，从空军元帅波特尔裤腿间穿过，差点打中了他。

这次会议开始时，美、英参谋长们在某一问题上发生争论，每一方多达 20 余人的工作人员作为惴惴不安的听众，在一旁两眼发着亮光，一声不响地看着自己的长官和对方争吵。此事引起会议主持者的注意，他便下了逐客令，把那些高级工作人员赶出会场，让他们到会客室待命。

这些人对会议后来进行的试验一无所知，只得在外面耐心等候。到听到砍击声和阿诺德的呼痛声，早已惶惶不安了，以为双方动手了，等听到枪响，有一个军官大声喊道："天哪！他们现在开始开枪了！"

▼ 第一次魁北克会议上，英美两国的军事指挥官交流看法。

第三章

战役筹划

　　三巨头们在硝烟弥漫的战场上，不停地往来奔波着。

　　在开辟第二战场的过程中，他们聚在一起既要不断地争吵，又要不断地加强合作，因为他们正在准备进行的是一场人类历史上规模空前的渡海登陆战役。

　　从开罗到德黑兰，从"考沙克"计划到"霸王"计划，几经波折，才最终敲定最后的行动计划。如此周密的筹划，为此次登陆作战的成功奠定了坚实的基础。

No.1 三国首脑齐聚开罗

1943 年，对盟国来说是会议年。会议从年初开到年底，会议从非洲开到美洲，又到欧洲、亚洲。这不，继盟国莫斯科外长会议后，三巨头首次相聚的德黑兰会议又要召开了。

13 这个数字，在西方人看来是个不吉利的数字，和其相连的房间号、日期，也染上了不祥的色彩，西方人都尽量避开这个数字。但战争年代的罗斯福顾不了这些，为协调盟国的全球战略，他率领几百名各级官员于 1943 年 11 月 12 日登上巨大的美国海军战舰"衣阿华"号。

13 日凌晨零时一分，汽笛鸣叫，该舰启动离开了切萨皮克湾，罗斯福此行的目的地是开罗和德黑兰，第一段航程终点是阿尔及利亚的奥兰。

几个小时后，配备着 9 门 306 毫米口径大炮、排水量 45,000 吨的"衣阿华"号，已高速行驶在大西洋上。"衣阿华"本来是为海军建造的主力作战舰只，珍珠港事件后，美国军事家发现，以战列舰为主的海战方式已经无法抵御以航空母舰为主的新海战方式。尽管"衣阿华"刚下水不久，其速度可达每小时 33 海里，是当时速度最快的战舰之一，其火力和装甲也是无可比拟的，美国仍毅然挪作他用。

现在，在这只钢铁篮子里，美国把它的许多宝贝疙瘩都放上了。除罗斯福外，还有马歇尔将军、金海军上将、阿诺德将军、萨默维尔空军中将、李海军上将、霍普金斯以及几十名参谋长联席会议所属的高级参谋人员和总统的私人随从。

为安全起见，此次出行，下有三艘驱逐舰保驾，上有战斗机护航，并切断了同岸上所有的无线电通讯联络。从护航机下视，战舰像一只巨大的犁，高速移动在无垠的大洋上，犁起的海水，形成一条白线。从舰面上看，海风掀起的巨浪与高速前进的舰体发生碰撞，激起白花花的浪花，泻到它的前甲板上！但是罗斯福所在的舰尾日光甲板上，却是阳光灿烂，干干爽爽，他静静地坐在那里，面对着大海眺望着。

就要面对面地会见斯大林了，这也使罗斯福兴奋。他要跟斯大林坐在一起，不仅一块拟订作战计划，而且要为一个更美好的世界制订规划了。这是一个伟大的机会，这全亏了国务卿赫尔，是这位年老体弱的田纳西州人冒着风险，风尘仆仆赶到莫斯科，请出了那位疑虑多端、从不出国门的斯大林，并安排好会晤的地点和议程。

在这种情绪的引导下，一路上，罗斯福非常愉快。他读了一大堆侦探小说，并且把这些书借给舰上其他人看。他与年轻的随从们轮流讲风趣的故事；每天由他的体疗医师福克斯中校按摩一次；几乎每个晚上都去看一场电影。比起乘飞机来，真不知要美妙多少。他还在船上观摩了一场海上实弹演习，演习虽然差点酿成事故，但也没影响他的兴致。

▲ "衣阿华"号上的罗斯福总统。

事情是这样的：航行的第二天，"衣阿华"号举行了一次有全部高射炮参加的防空演习，其他几艘护航驱逐舰也进行防空袭的实弹射击。演习开始后，罗斯福坐在轮椅上被人从饭厅旁推到甲板上，像通常一样坐在前甲板右舷，看着舰上 127 毫米高炮打悬在空中的 3 个气球。尽管耳朵里塞上了棉球，但炮声仍震耳欲聋。第一排射击完了，刚要推罗斯福移到左舷看第二次射击时，舰上的扩音器里传来对所有高射炮下达的指令："这不是演习！再说一遍，这不是演习。"

顷刻间，所有高射炮迅速移动方位，开始向着总统座舰与另一艘驱逐舰之间的水面猛烈开火。"衣阿华"号铃声大作，以示船全速前进，船上的发动机组全部应命而动，发出强大的动力，船的方位突然改变，急驰而去。与此同时，船上人得知，一枚真正的鱼雷正向总统座舰飞驰而来，不过这枚鱼雷不是德国潜艇发射的，而是一艘护航驱逐舰以"衣阿华"号为目标发射的。鱼雷发射后，发现错了，驱逐舰长赶紧发出信号与"衣阿华"联系，才有"衣阿华"舰的规避动作。至于鱼雷是如何发射出来的，则一直没搞清楚。

此时，尽管情况十分紧急，但舰上似乎没有任何人试图让罗斯福离开。得知消息后，罗斯福仍和往常一样，安然地坐在椅子上，看上去毫无不安之情，只是表现出强烈的兴趣。不一会儿，舰上指挥官前来通知说，炮手们正向迅速奔向该舰的那枚鱼雷开火，瞄准手们尽管看不清鱼雷的准确位置，但对其射来的基本方向还是心中有数。猛烈炮火掀起一排排巨大水柱，遮挡住人们的视线，不久，人们听到一声巨响，毫无疑问，这是鱼雷弹头的爆炸声。从爆炸掀起的水柱看去，这枚鱼雷正是在离"衣阿华"号不远的地方被炮手击中的。

参谋长联席会议的高级官员们则不像罗斯福那样轻松，在整个海上航行期间，几乎每天都要开各种会议，对中、美、英的开罗会议，以及"三巨头"的德黑兰会议做最后的准备工作。

1943 年 11 月 20 日上午 8 点，"衣阿华"进入奥兰港。在码头上，面带微笑、精神抖擞的艾森豪威尔，自豪地把他的总司令接到专车上，一行人乘车来到拉塞尼亚机场。

机场上，总统的 C－54 专机已准备就绪，奥蒂斯·F·布赖恩少校已在驾驶舱内整装待发。专机后面另两架飞机上，坐着马歇尔等高级军官，一批 P－19 和喷火式战斗护航机，发动机已点火，发出巨大的轰鸣声；头顶上，P－38 在云层中盘旋。

罗斯福在飞机里坐定后，说："艾克，坐到我身边来，我早就想跟你谈谈了。"

飞机很快飞到突尼斯准备降落，艾森豪威尔已在此处为罗斯福选了一座海滨别墅，凑巧得很，当地人也把这座别墅称为"白宫"。

第二天，罗斯福在艾森豪威尔的陪同下，到战场上游了一圈。听完艾森豪威尔讲述美军前一年在此处首战大捷，总统对战士表现的战斗意志赞叹不已。在游历的途中罗斯福思古之幽情大发，对艾克道："我们的这个战场很可能正是古代的战场，2000多年前，迦太基名将汉尼拔，与罗马军队第一次交手的战场应该就在这里。"

艾克道："事情果然如此的话，那就是考古学家还没发现的古战场，倒叫我们给发现了。"

晚上，罗斯福登上Ｃ－54，重新开始到开罗的旅程。黎明时分，总统从座舱中的简易床铺上一觉醒来，往下一望，辽阔无垠的寂静沙漠在晨雾中泛着金光，一条蜿蜒的翠带，穿过沙漠，延伸到无尽的地平线。罗斯福意识到它就是尼罗河沿岸的狭长耕作地带，是人类文明的四大起源之一。看到这，总统知道快要到目的地了，因此精神振奋，目不转睛地看着。

布赖恩少校用长距离动力滑翔装置使飞机慢慢降低高度，向尼罗河低飞。一幅文明而古老的农耕图映入眼帘：牛拉的水车缓缓转动着，向灌溉渠里戽水，农民在巧克力色的泥坝围着的绿野里犁地、锄草，挂着三角帆的老式桅杆船，三三两两地游弋在尼罗河上。

"看那儿！金字塔！"总统旁边的一个保卫人员喊道。

"飞过去，看看！"总统游兴大发地喊道。

布赖恩慢慢调转机头，坐落在沙漠边缘的三堆三角形的紫晶色东西越来越近了，看得越发清楚了。

"金字塔！"

"狮身人面像！"

罗斯福快乐得像个孩子似的嚷着。过去只是从图片上看到的世界七大古迹之一，今日终于亲眼看到了。

到机场后，一下飞机，罗斯福游兴不减，提出要乘

▲ 罗斯福与艾森豪威尔在飞机上交谈。

车去城里看看。旁边的特工负责人迈克·赖利可没管那个，用冷冷的"不行"作为回答。

这让罗斯福好一会儿没吭气，赖利口气缓和下来，说道："丘吉尔要去的话，他尽管去。如果有人开枪射击，他至少可以跳出车子拔腿溜走，而您就没有这个方便条件了。"

　　罗斯福一脸的不高兴，游兴也没了，只好顺从地乘车到了下榻处，这是美国公使柯克腾出来给他的一座白色四方形别墅。丘吉尔两天前已到，蒋介石也已先期抵达。

　　1943年11月23日上午8时。

　　埃及首都郊区吉萨大金字塔附近的米纳大酒店，有中国人参加苏联人不参加的开罗会议正式开始了。这是协调美、英两国军事战略，安排中国战区战略进攻方向的会议。

　　第一天，会议的主角，英、美两国的军人和政治家们就各种计划发生了激烈的争执。双方脸色阴沉，窗外一眼可瞥到的庄严肃穆的金字塔和百看不厌、神秘莫测的狮身人面像所构成的美景，都吸引不了与会者的注意力，减轻不了与会者的懊恼。

　　第一天重点研究中国战区问题。参谋长联合会议成员同罗斯福、丘吉尔、蒋介石及蒋夫人坐在一起，研究缅甸问题。蒙巴顿勋爵把进攻缅甸的详细计划和盘端出，进行评价。蒋介石是打心里高兴，他的最大希望就是盟军尽快收复缅甸，以便重新打开通向中国的供应线。美国人当然支持这个计划，也正是在美国的提议下才把蒋介石请来的。

　　英国人本来就没把中国看成大国，也不欢迎蒋介石出席会谈，所以，英国人在发言中傲慢地贬低中国战区的意义，避而不谈关于英国出兵援华的任何建议。

▲ 马歇尔（右）是罗斯福力主开辟第二战场的代言人。

分歧产生了。

第二天，研究的重心移到欧洲战场。双方各路人马各有主意，一脸严肃走进会场。

马歇尔事先预计到，出席今天会议的丘吉尔一定会利用机会重弹"巴尔干"计划的老调，从欧洲主战场开溜。

果然不出他所料：丘吉尔一开始就在会议上作了一个冗长且美国人耳熟能详的发言。

丘吉尔从英国刚刚撤出的多德卡尼斯群岛谈起，大谈其中的罗德岛是打进巴尔干半岛的极好立足点，由此路取道希腊、土耳其，可赶在俄国军队之前占领罗马尼亚、匈牙利、奥地利。他希望英美联合作战，攻占这个岛。

原来，当1943年11月14日，丘吉尔一行乘一艘战列巡洋舰从英国普利茅斯出发时，就决心把"霸王"行动推迟，以便在这一段时期中在东地中海实施一些他们认为更有把握、对维护英国利益更有利的行动。为此目的，在航行期间，丘吉尔每日与他手下的"高参"们共同商讨如何智胜美方。为此目的，丘吉尔不辞辛苦，亲手起草了这个长篇演说。

几天后，船到马耳他，丘吉尔忙中添乱，又患上重感冒，脸色烧得像粉红色的刚熟的苹果。他正躺在一张大床上，心绪不宁，牢骚满腹，对即将到来的会谈忧心重重。他把手下的高参召来，先把对那些固执的美国人要发表的演说对他们先讲一遍。他讲完后，告诉他的亲密顾问布鲁克，他打算说："如果你们在地中海不与我们合作，那么在英吉利海峡我们也将不与你们合作……"

布鲁克听此言，心里一惊。他预计丘吉尔如果这样说，势必造成双方的冲突，害了自己，这种策略是不可能成功的。在布鲁克的建议下，"不与你们合作"之类的话终于强压下去，丘吉尔在正式会议只把那个演说讲了一遍。

这个演说对美国人来说也是格外刺耳。同样的内容在几个星期前曾被美国参谋长联席会议否定过，今天，又改头换面提了出来，理所当然遭到马歇尔的反对。

此时的美国，不仅有了战争经验，而且其实力也已大大超出英国。就人力资源，英国已达到其动员潜力的顶峰，只有450万人；美国此时的兵力是英国的一倍还多，而且每天还有人应征入伍，数字还在增加。

在"衣阿华"舰上，有一次开会时，罗斯福对马歇尔说："我们派往英格兰参加'霸王'计划的兵力很快就要与整个英国在英格兰的全部兵力一样多了。"

马歇尔立刻纠正了他的说法，"美国在那儿的军队人数已超过英国军队了。就装备说，美国的所有工厂都已纳入战时轨道，正在加班加点，源源不断地把飞机、坦克和大炮运送到世界各战场。光飞机，美国每个月就生产近万架。"

马歇尔想到，为实施"霸王"行动，美国已准备了一年半了，有近百万军队已在英伦三岛待命行动，1,000 多万吨战争装备堆积在英国各大仓库，美国东至纽约，西至落基山脉都在为"霸王"战役的进一步需要而工作。如果听从英国人的意见，在一个几乎没有通信联络的国家发动军事行动，这样就要抛弃"霸王"行动，美国就要倒霉吃大亏，就要拖延战争的进程。

在丘吉尔进一步提出一月份盟军攻陷罗马，他希望二月份攻占爱琴海的罗德岛的具体时间表后，马歇尔坐不住，开始反击了。

马歇尔与丘吉尔打过多次交道，一直非常尊敬和钦佩丘吉尔，但这次为了大政方针，同这位英国首相激烈争执起来，而且是面对面。

两人说话声调越来越高，各不相让。吵到最后，丘吉尔索性站了起来，扯着上衣的翻领，嘴角挂着细细口水，口中喷出飞溅的唾液，嚷道："国王陛下的政府不能让军队无所事事，步枪必须吐出火焰，坦克必须奔驰战场。"

马歇尔也不甘示弱，也跟着站在对面，一字一顿，措辞严厉地说道："要是我独断独行，苍天不容，但是……我决不让美国士兵去那片（罗德岛）该死的海滩送死！"

在讨论具体计划中，在英、美参谋长级将军间也爆发过激烈冲突。在一次会议上，在议论从什么地方搞坦克登陆艇问题上，英国人提出要把用于缅甸战场的登陆艇调出来，用于东地中海，这种登陆艇排水量很大，设有巨大的船舱，可并排放 41 辆坦克，舱门开在船头，坦克可直接从船舱开到海滩。意大利、印度、法国南部战区和太平洋地区都将急需这种登陆艇。而"霸王"战役也非用它不可。

英国人提出的建议如同在平静的水中投入巨石一样，引起美国人的激烈反应，这使联合参谋长几乎要大打出手。

当时参加会议的美国将军史迪威回忆道：

当时布鲁克发怒了，火冒三丈，而金海军上将也不是好惹的。要动用他管辖的登陆艇，为实现英国人的目的。这气得他怒发冲冠，差一点蹿过会议桌扑到布鲁克身上。

上帝啊，金简直气疯了，我真希望他给布鲁克一拳。这次我们让英国佬威风扫地了，真叫人痛快。

几次争吵，英国人目瞪口呆，特别看到有人这样声色俱厉地对自己的首相讲话！丘吉尔本人更显出受辱的样子，终日郁郁不乐。不过，此后英国人再也不向马歇尔提起罗德岛了。

11 月 25 日，是美国的感恩节。

为缓和英美双方会谈的气氛，罗斯福邀请英国人到他那幽静的白色别墅参加传统火鸡宴，亲自动手为大家切开火鸡，然后大家来到临时作联合参谋长会议会场的大会议室。屋子里一部老式的留声机放出悦耳的舞曲，人们翩翩起舞，可惜女性太少，只有丘吉尔的女儿萨拉·丘吉尔，邀她跳舞的人使她应接不暇。老丘吉尔也忘却白天的烦恼，邀了罗斯福的军事秘书，绰号叫"老爹"的沃森将军，踏着华尔兹的舞步绕过了罗斯福的沙发。

轻松的舞会似乎没有收到多大效果，以后的会议中，"双方的火气依然很大"。

11 月 27 日，英、美双方人员，带着比原来更大的分歧踏上飞往德黑兰的旅程。

从开罗到德黑兰的航程大约是 6 小时，途经巴勒斯坦全境。罗斯福自知自己的身体状况，"恐怕以后再也不会飞这条航线了"。他特别要求一点多余的时间，好好看看这个基督诞生地。

他和布赖恩已相处几日，特别喜欢这个沉稳的飞行员。两人共同拟定一条路线，使圣地的每一处名胜古迹都不会被遗落。

他们首先飞临贝尔谢巴及其著名的井泉，当时气候极佳，机翼下的一切都历历在目；罗斯福孩提时代就已铭记在心的景观，随飞机翻越过一座高山后，便一一进入眼帘。

"那是伯利恒，低飞。"罗斯福命令道。

布赖恩把飞机倾斜得快要使一只机翼触地了，总统凝视着耶稣诞生地的小教堂，心里真想降落，亲自进去看看。

不一会，那个光怪陆离的圣城耶路撒冷出现了，飞机在上空开始盘旋，总统在逐一辨认那些神圣的建筑物，并且激动地一一大声喊出它们的名称："大卫墓、天国之门、耶稣拱顶；耶稣受难地、伊斯兰陵墓；大马士革之门、圣墓教堂、哭墙。"

"布赖恩，再转一圈。"总统命令道。

于是飞机又缓缓地绕了回来，引起地面无数行人驻足仰首观望这架几个发动机的庞然大物，它低得几乎要擦到古老的房脊了。

接着，他们绕着橄榄山的阶梯型山坡飞了一圈，似乎是向山顶上耸立着的耶稣升天教堂致以最后敬意，然后，飞机恋恋不舍地缓缓离去。

No.2 三巨头聚首德黑兰

1943 年 11 月 28 日下午 4 时，苏联驻德黑兰大使馆。具有世界历史意义的德黑兰会议正在这里举行第一次全体会议。出席会议的有美国总统罗斯福、英国首相丘吉尔、苏联人民委员会主席斯大林元帅，还有三方的外交部长和军事领导人。

为了保密，整个德黑兰会议取了个意味深长的代号——"找到了"。

苏联人民委员会主席斯大林是在前一天抵达德黑兰的，这是他自十月革命以来首次离开自己的国家。斯大林留着浓密头发和铁灰色的胡子。他的身材不高，身着一套浅棕色的元帅服，裤腿上有两条宽宽的红道，两个特大的肩章上各有一颗红星，胸前只佩戴一枚勋章。这一切使他显得很有魅力，看上去有军人的风度和一种威武的气质。就如同他的名字一样强硬——"斯大林"在俄语里的含义是钢铁。

美国总统罗斯福的外表则有一种学者风度。他平时总是身穿得体的西装，头戴浅顶软礼帽，架着一副金丝眼镜，叼着烟的嘴不时露着微笑。罗斯福出身显贵，热情奔放，机智幽默，38岁已步入政界高层。不幸，39岁时"小儿麻痹症"难以置信地降落在他身上，他下肢瘫痪，只能以轮椅代步。他身体虽残，精神却更加坚强。经过顽强的努力，1928年他就任纽约州州长。4年后，他以"为美国人民实行新政"的口号，走上总统宝座，成为轮椅上的总统。如今，已是罗斯福的第二个总统任期。

英国首相丘吉尔的外表颇像个商人。他的胖厚宽大的面庞上，有一双并不很大的机敏的眼睛。他头戴高深的黑礼帽，身穿典型的英国燕尾服，一条银白色的怀表链系在胸前。他手里总持着一只又大又粗的雪茄烟，不时地送到他肥厚的嘴唇中间，接着就吐出一圈圈白色的烟雾。这些天他一直感冒发烧，脸上红晕还没有退尽，喉咙疼痛，说话时嗓音嘶哑，但这无损于他能言善辩的口才。

此次三巨头聚会要讨论的问题很多，包括三国对德作战方针、确定英美在欧洲开辟第

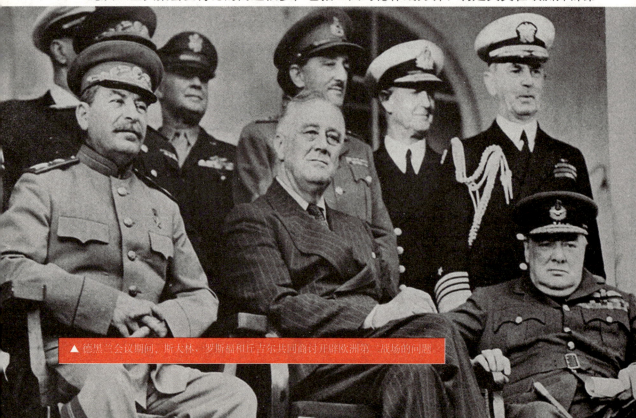

▲ 德黑兰会议期间，斯大林、罗斯福和丘吉尔共同商讨开辟欧洲第二战场的问题。

二战场的日期，并将对远东问题、分割德国、波兰疆界以及战后建立"维持和平"的国际组织等问题交换意见。其中关键问题之一是讨论在欧洲开辟第二战场的问题。

1943 年的世界形势对同盟国十分有利。全世界反法西斯战争形势发生了根本转折：亚洲太平洋战场，日本陆军深陷于中国大陆，海、空军也在太平洋连遭失败。不可一世的山本五十六已毙命于莽莽丛林之中。日本的海军节节败退，美国正向日本的核心防卫圈两路逼近。日本政府已自顾不暇，无力与德国进行战略配合。

在欧洲南部战场，由于意大利政府向同盟国投降，德国不得不把大批军队部署在那里，以对付英、美军队的进攻。美军即将攻打那不勒斯海港，同时，巨大的福曼机场指日可下，从那个机场起飞，对欧洲腹地的空中打击，力量可增加一倍。

在苏德战场，苏军在 1943 年 2 月斯大林格勒战役取得伟大胜利之后，已经发动了大规模的战略反攻，苏军前锋已达第聂伯河一线，解放了重要工业区顿巴斯、乌克兰首都基辅和战略要地斯摩棱斯克，很快就要进入德国境内。法西斯德军一再溃退，希特勒不得不把大量预备队和西线兵力调去阻止苏军的推进。

在欧洲，各国大规模的反法西斯运动正在蓬勃发展，许多国家的反法西斯游击队壮大起来，采取各种形式打击敌人，展开了轰轰烈烈的反对占领制度的武装斗争，法西斯德军在各占领国已立脚不稳。

在地中海和大西洋，盟军已经控制了那里的海上通道，被德军潜艇部队一度截断的海上交通运输线得到了恢复。

所有这些，都为盟军在西欧登陆开辟第二战场提供了最有利的条件。形势的如此发展，促进了同盟国领导人决定尽快会晤，共同商讨在西欧登陆开辟第二战场的问题。

在这次德黑兰第一次会议期间，各方曾分别进行了双边会晤，在有些问题上达成了共识。因此，这次全体会议开始阶段，是在完全坦率和比较轻松的气氛中进行的，罗斯福总统被推选为会议主席。

会议一开始，罗斯福总统就诙谐地说："作为在座三人中最年轻的，我欢迎各位长者。同时，我告诉诸位，这种性质的会议是朋友之间在完全坦率的气氛中进行的，所谈到的一切均不予公开。"

罗斯福总统又说："我确信这次会议会取得成功。我们三个大国不仅在战时密切合作，而且还会世世代代保持密切联系。"

话音一落，大家发出了会心的笑声。

英国首相丘吉尔接着说："这是人类历史上和平力量空前伟大的一次集合。此刻，集中在我们手里的力量，定能缩短战争，更有把握夺取胜利，而绝对可以肯定的，是我们掌握了人类幸福的命运。"

他还幽默地说，他为大家不辜负上帝赐予的这一良机而祈祷。

斯大林元帅接着发言，对英国和美国的代表表示欢迎，他说："此刻，历史已给予我们极好的机会，现在就要这里的代表们明智地运用他们可尊敬的人民所赋予他们的权力，使这次兄弟般的会议圆满成功。"

接着，会议进入了实质性的讨论。

美国总统罗斯福开始了正式发言。他首先概述了对这场战争形势总的看法，并从美国的角度谈了一下对这场战争的需求。在阐述了他对太平洋战争形势的看法之后，他把话题转向最重要的议题——欧洲战场。

罗斯福总统说："我想强调一下，在半年多的时间里，我曾同首相举行过几次会议。在最近的两三次会谈中，一切军事计划都是考虑如何减轻德国对苏联战线的压力问题。"

"主要由于海运的困难，一直到魁北克会议时，才有可能为横渡英吉利海峡确定一个日期。在魁北克通过的计划中，涉及派遣一支庞大的远征军，当时决定的横渡海峡行动日期是 1944 年 5 月 11 日。"

罗斯福说："在这里考虑的问题之一，是怎样让在地中海的盟军，能最大限度地支援东线的苏联军队。"他这里指的是一些人建议在地中海进行另外一次大规模军事行动。在地中海地区未来的作战行动中，有几个可能的目标：意大利、亚得里亚海、爱琴海和土耳其。

罗斯福接着说："在这些可能做的事情中，有一些也许使大规模横渡英吉利海峡的战役推迟一个月、两个月或三个月"。因而，在做出决定之前，他和丘吉尔希望探明斯大林对这一问题的看法。

斯大林并不希望这两个西方国家用地中海地区的作战来代替或影响横渡英吉利海峡的登陆作战。有情报表明，英国首相丘吉尔对横渡英吉利海峡的登陆战役能否顺利进行，曾长期抱怀疑态度。而英国首相丘吉尔此行目的之一，就是想说服他们，同意立即在意大利或其他什么地方开始一次对英国更为有利的战役。

因此，斯大林说："苏联军队正紧张地忙于西线作战。尽管前线的主动权总的说仍然掌握在苏联人手里，但是由于冬季气候条件的限制，苏军的攻势已经缓慢下来。德军企图再一次占领基辅。"

斯大林讲话语气平缓，思维周密，言简意赅。他一针见血地指出："在意大利作战有重大的价值，但是，我不认为意大利是一个进攻德国本土的适宜地方。苏联认为最好的方法是由法国的北部或西北部直捣德国的心脏，甚至经法国的南部也行，在法国北部进攻乃是上策。"

丘吉尔发言，他先绕了一个大弯子，说美、英两国对诺曼底登陆作战计划已久。但是，现在的欧洲形势应力劝土耳其参加战争，利用地中海出现的大好形势，立即在这一地区对德军采取军事行动。为此，可把预定的横渡海峡的计划再推迟两至三个月。

丘吉尔辩解说："据我看来，预料攻占意大利首都罗马之后，还要过6个月时间，才开始横渡英吉利海峡的战役，因而我和总统两人都非常希望我们的军队在这段时间内不应闲着没事干。只要是军队在作战，英国和美国政府就不会受到批评。而如果……"

丘吉尔没有说下去。丘吉尔能言善辩的口才是世人皆知的。他忽然一转话题说："美国和英国很早就对横渡海峡战役的必要性表示赞同，这次战役定名为'霸王'战役。目前正调用我们两国绝大部分的共同资源和力量。"

"指定用于'霸王'战役英军的16个师是不够的，应当由美国为'霸王'战役的进展源源不断地送来必要的增援部队。"

听到这里，斯大林坚持说："按照我的意见，'霸王'战役是一个规模非常巨大的战役。如果在'霸王'战役开始之前两个月左右，再发动进攻法国南部的战役，就会有利些，并且更有把握取得成功。我一直认为，在法国采取这样一种两面夹击的战役将会是非常成功的。"

会议对是否在意大利作战、意大利作战会不会影响"霸王"战役以及土耳其参战等问题，进行了一次又一次针锋相对的发言。三位巨头各抒己见，互相试探。渐渐地，美苏两国在欧洲战场的方针趋向一致。这一点使他们有些亲近起来，不知不觉中英国人开始被冷落了。

就这样，会议进行了2小时20分才结束。

11月29日下午4时举行第二次全体会议，地点改在英国驻德黑兰公使馆内。

会议是以一个简短而令人难忘的赠剑仪式开始的。

英国首相丘吉尔从伦敦给斯大林带来了一柄"斯大林格勒"荣誉之剑，剑上用英文和俄文刻着"赠给坚强如钢的斯大林格勒市民，国王乔治六世代表不列颠人民敬赠。"

仪式庄重，三巨头并肩站着，指挥仪仗队的英俊的英国中尉高擎着那柄修长笔直的宝剑肃立一旁。丘吉尔即席发表讲话，他感情充沛，充满激情，说奉国王之命将此荣誉之剑交给斯大林，并请他转交给英勇的斯大林格勒市民，他感到无比的荣幸。

斯大林用俄语致了答词，他感谢英国国王、首相和英国人民的友谊。

接着，首相丘吉尔庄严地双手托剑，赠交给斯大林元帅。斯大林深受感动地接过宝剑，俯身吻了一下精美的剑柄，然后把剑转交给身边的伏罗希洛夫。

赠剑仪式到此结束。

动人的仪式并没有减弱各方为各自目的的论战。下午会议围绕开辟第二战场的问题继续争论。三方的军事领导人英国布鲁克将军、苏联伏罗希洛夫元帅和美国马歇尔将军也参加了会议，并在会议开始时就有关军事问题向三巨头作了简短汇报。

为了进一步促进美、英两国早日开辟第二战场，听完汇报后，斯大林就直截了当地询问："谁将指挥'霸王'战役？"

"这个问题还没有最后定下来。"罗斯福没有料到斯大林会问这个问题，只得照实说。

斯大林尖锐地指出："如果不是由一个人既负责战役的准备，又负责战役的执行，那个战役是搞不起来的。"

丘吉尔插进来说："我们的摩根将军负责准备工作已经有一些时候了，但是真正的指挥官还没有任命。英国政府考虑到大部分军队都来自美国，希望任命一位美国将军来担任指挥，并在两周内发表任命。"

罗斯福说："在这里匆忙做出任命决定将会影响挑选工作。"

"苏联人不想在选择总司令的问题上有发言权，我们只是要知道谁是总司令，并尽快任命。"斯大林有些激动地说。

丘吉尔接着说："我对提到会议上来的问题众多和复杂性有点担心。几亿人民正在注视着这次会议，我希望在重大的军事、政治和道义问题上达成协议之前，会议不要散伙。"

他的能言善辩的口才又一次表现出来。他的闪烁的灵感一冒头，就情不自禁地高谈阔论起来。他念念不忘"巴尔干"计划，又把话题转到了地中海战场上来，他的发言很长，再一次强调要在地中海方向作战，以支援"霸王"战役，并强调这种支援的规模和时机都是非常重要的。

1943年11月29日，丘吉尔向斯大林呈上"斯大林格勒"荣誉之剑，这是英王乔治六世赠予"坚强如钢的斯大林格勒市民"的礼物。
左右两图为赠剑仪式。

斯大林对丘吉尔转弯抹角的发言不感兴趣，他直截了当讲了苏联的观点并提出三个条件。他说："从苏联的观点来看，土耳其、游击队以至占领罗马问题，都不是真正重要的战役。我始终认为'霸王'战役是最重要的，不应当分散对这一战役的注意力。

我觉得应授予军事参谋部一项指令，并建议指令的内容如下：

1. 为了使我国人可以对发动'霸王'战役从东线给予援助，必须规定一个日期，这个战役不应该延期。

2. 如果有可能，对法国南部的进攻应在'霸王'战役前两个月发动，如果不可能，就同时进行，乃至稍迟于'霸王'战役。法国南部的战役与罗马或巴尔干地区的牵制性战役不同，它是一个辅助战役，将保证'霸王'战役的成功。

3. '霸王'战役的总司令应当尽快任命。这一任命还没有做出之前，不能认为'霸王'战役是真正地在进行中。"

最后，斯大林激动地说："我要向丘吉尔先生提一个直率的问题，英国是否真正相信'霸王'战役，还是口头上说说，好让苏联人放心？"

丘吉尔开始含糊其辞，继而赶忙回答说："如果具备莫斯科会议上所列举的条件，英国政府有责任把一切力量都投入到渡海作战上去。"

他建议美英参谋长明天早上开会，尽力拟出一份共同意见，交给首脑会议。

为了缓和会议气氛，罗斯福总统、斯大林元帅、丘吉尔首相还一致同意第二天下午1时30分共进午餐。

第二次会议就这样暂告休会。

1943年11月30日下午4时，举行了第三次全体会议。

会议一开始，经罗斯福总统的提议，由英军参谋长布鲁克爵士代表联合参谋部作报告。

◀ 德黑兰会议上，英国元帅布鲁克（右）与苏军将领在一起交谈。

为了摆脱昨天的被动，美英两国军事人员在这天上午就"霸王"作战问题进行了研究。此刻，就是汇报研究的结果。布鲁克爵士说：

美国和英国联合参谋部举行的会议达成了如下的协议，并提请总统和首相予以批准。双方同意：

1. "霸王"作战将于 1944 年 5 月发动。

2. 在法国南部将有一个支援战役，根据这一战役中可以利用的登陆艇的数量，使战役规模尽可能地大。

听到这一很有分量的决定，三国领导人都会心地笑了。

斯大林说："我充分理解已做出的这一决定的重要性和执行'霸王'战役时会遇到的种种困难，为了不让德国人有调动军队的可能性，我保证在'霸王'战役的同时，苏联红军将在若干地方发动大规模的攻势，以便把德国军队牵制住，使他们不能西调。"

罗斯福说："我们大家都意识到三国参谋部保持最密切合作的重要性。另外，我荣幸地告诉斯大林元帅，任命'霸王'战役的总司令，将在三到四天后，或在我和首相回到开罗后立即实现。"

丘吉尔说："在已经做出这一重要决定以后，现在的主要问题是找到足以满足我们需要的登陆艇。我认为应当用摧毁性的力量来发动'霸王'战役。"

在开辟第二战场的主要问题上，三方取得了一致意见。其中在法国南部实施的辅助性登陆战役，就是后来的"铁砧"战役。这个"铁砧"战役将从科西嘉岛和撒丁岛出发，在法国南部某一地区登陆，以配合进攻欧洲最主要的"霸王"战役。在讨论了其他重要的政治问题之后，会议结束了。

当晚，即 11 月 1 日，是丘吉尔 69 岁生日。丘吉尔坚持在英国驻伊朗公使馆宴请斯大林和罗斯福。这是丘吉尔一生中最值得纪念的事件之一。他对此时的场面十分高兴：接待斯大林和他身材魁伟的武装警卫，同时，伊朗专制君主和罗斯福总统分坐在他的左右两侧。人们都笑容可掬地向英国人表示友好。

宴会上罗斯福总统送给丘吉尔一只产于 12 世纪的大酒杯。这一礼物使宴会十分活跃，宾主频频举杯，客人们为丘吉尔健康干杯，也为三方达成的协议而干杯。整个会议结束后，三方领导人各奔东西。

在 1943 年即将结束之时，由于这一重要的德黑兰会议，使第二次世界大战又翻开了新的一页。

No.3 艾森豪威尔就任盟军最高司令官

1943 年 12 月 3 日，美国总统罗斯福在开罗任命艾森豪威尔为盟军最高司令官。

圣诞节前夕，他向外界正式公布了这一任命。

艾森豪威尔于 1944 年 1 月 14 日抵达伦敦就职。他乘坐一架 C – 54 飞机从美国直飞英国首都伦敦，可是浓雾笼罩整个英格兰，飞机不得不在苏格兰的普雷斯特韦奇降落，而后改乘火车抵达伦敦。

艾森豪威尔是 1915 年从西点军校毕业的。毕业后，他担任过教官和训练中心指挥官。两次世界大战之间，他进过许多军事学校，包括步兵坦克学校、指挥和参谋学校、陆军军事学院和陆军工业学院。

在国外服役数年后，30 年代初期，他开始担任助理陆军部长办公室的助理主任参谋，后来又在参谋长道格拉斯·麦克阿瑟将军办公室工作过 2 年。1935 年至 1939 年的 4 年间，他一直在菲律宾任麦克阿瑟将军的高级军事助手。这期间，麦克阿瑟将军言传身教，使他从这位将军那里学习到了许多军事指挥学问和战略、战术要领。

1939 年他回到了美国，迅速晋升，仅 2 年他先后担任了第 5 步兵团的主任参谋、第 3 师参谋长和第 9 军参谋长。1942 年夏天，艾森豪威尔上校被任命为沃尔特·克鲁格中将所指挥的第 3 集团军的参谋长。不久，他参与了该集团军与第 2 集团军的对抗演习，并取了胜利，他因此赢得了赞扬。

也许由于他当集团军参谋长所表现出的卓越才能，也许由于他对菲律宾的深刻了解，就在珍珠港事件爆发后的一周，艾森豪威尔被调到陆军部作战计划处，担任主管太平洋和远东地区的副处长。这项任命是美军当时的陆军司令乔治·马歇尔将军经过慎重考虑决定的。

他很快适应了新的工作，表现非常出色。刚刚到华盛顿2个月，便接替伦纳德·杰罗少将担任了作战计划处处长，并于3月被晋升为少将军衔。不久，他所领导的处改为陆军部作战处。在这一岗位上，他极力主张盟国在欧洲战场作出努力，并帮助制订横渡海峡的进攻计划，这也许为他而后担任盟军最高司令，指挥整个进攻欧洲的作战，打下了难得的基础。

1942年5月，艾森豪威尔到伦敦视察驻英国的美军编制情况。1个月以后，马歇尔将军选择了他，由他指挥在伦敦新组建的欧洲战区美军司令部。7月，他被晋升为中将。有趣的是，在担任欧洲战区美军司令期间，艾森豪威尔与那些正在计划打回欧洲大陆的军官们保持着密切的接触。他结识了许多后来与他们联系的盟国军政领导人，还熟悉了横渡海峡作战计划的大致轮廓。

1943年2月，艾森豪威尔作为盟军总司令，成为成熟的军事战略家。这期间他指挥了对西西里和意大利南部的进攻，并被晋升为四星上将。经过多年的磨砺，他锻炼出了善于思考的第一流头脑，能把整个庞大的战争系统安排得井井有条，能使陆、海、空三军同步运作。

如今，艾森豪威尔被罗斯福任命为盟国远征军最高司令时，他作为一名盟军极其重要的指挥官，也越来越受到德国情报机构的注意。一份有关这位新任最高司令的情报判断宣称：

艾森豪威尔是一名指挥装甲部队作战的专家。他以旺盛的精力和讨厌按部就班的办公室工作而著称。他注意调动下属的主观能动性，设法通过友好和谅解，用宽容的纪律来鼓励下属发挥最大的能力。据说他最大的优点是具有一种与他人容易相处和调解反对意见的能力。艾森豪威尔极受罗斯福和丘吉尔的赏识。

当然，对于这位新上任的盟国远征军最高司令，并不是一切人都完全喜欢。一些人称他为"在战场上连一个营都没有指挥过的人"。就在他抵达伦敦数天后，一封英国人写的语意尖刻的信送到了他的办公室桌上。信中写到：

亲爱的先生，我个人欢迎你到迎过来，但同时我并不欢迎你担任盟军总司令一职，因为我认为应有蒙哥马利将军或是亚历山大将军担任此职。记住我们已经打了4年仗，我们的军队进行了艰苦卓绝的战斗。尤其在非洲，我们把隆美尔追逐了一千多英里，一直把他赶出了非洲……

艾森豪威尔看完信后，不由微笑起来，他口述了一封谦恭有礼的复信。在信中他同意这样的说法，即在一大批将军中，选择任何一个担任此职都会比他强。但他补充到：

"然而，我希望你能同意这一点，只要大不列颠和美国把此责任交付给我，我别无它愿，只能尽力效劳。"

伦敦的格罗夫广场边有一座老式红砖大楼，盟军最高司令部就设在这里。司令部的正式名称是同盟国远征军最高司令部，取其英文的第一个字母，成为其简称"SHAEF"。

艾森豪威尔上任后工作十分繁忙，每天送到他的办公桌上等待他批阅的文件有1米多高。尽管如此，他仍每天过问"霸王"作战计划的进一步制订情况。此时，他心中最重要的事，就是尽快完成一份符合他的作战意图的计划。

艾森豪威尔就任时，同盟国参谋长联席会议给他的指示非常明确：你们要进入欧洲大陆，并与其他盟国合作，采取以进攻德国心脏地区并摧毁其兵力为目标的军事行动。

艾森豪威尔根据上述指示，认真考虑了自己肩负的重任和军事行动纲领。这个军事行动纲领被他的参谋部会议概括起来有8项，这就是：

第一，在诺曼底海岸登陆。

第二，为诺曼底—布列塔尼地区的决战准备必需的兵力和物资，打破敌军的包围阵地（在这开始的两个阶段，登陆作战将由蒙哥马利任战术指挥）。

第三，用2个集团军群在一条宽阔的战线上进行追击，重点是在左翼取得必需的港口，进逼德国边境并威胁鲁尔。在我们的右翼，要同从南面进攻法国的兵力相连接。

第四，取得比利时、布列塔尼以及地中海的港口，沿德国占领区的西界建立新的基地。

第五，在我们为最后战斗准备兵力的同时，还要用一切办法继续不断地发动猛烈地进攻，既要削弱敌人，又要为决战创造有利条件。

第六，彻底驱除莱茵河以西的敌军，同时不断在河东寻找桥头堡。

第七，按照两翼包围鲁尔的方式发动最后进攻，重点再次放在左翼，随后朝着当时决定的特定方向直接突入德国。

第八，肃清残余的德军。

这正是艾森豪威尔将军担任盟军最高司令官的使命。正如艾森豪威尔后来在回记录中写到的："在进攻欧洲大陆开始日以前，由参谋部会议认真概括出来的这个总方案，在整个战役中一刻也没有放弃过。"

值得庆幸的是，艾森豪威尔有一个能力很强的司令部，早先成立的英美联合参谋部即"考沙克"也并入了艾森豪威尔的司令部。

这个司令部的副司令是一位英国人，英国空军上将马绍尔·阿瑟·特德爵士。特德原为英国皇家空军部长，在地中海战区时他在艾森豪威尔手下任空军司令。他不仅是一位战略家和空军指挥官，深谙军事，在协调关系上也有过硬的本领，善于处理好盟军各部队和各军兵种之间的关系。此次他官升一级，又和艾森豪威尔搭档。

艾森豪威尔的参谋长是沃尔特·比德尔·史密斯。作为艾森豪威尔的助手和管家，他不仅要为最高司令出谋划策，组织好司令部的工作，而且有时还要出任"打手"，毫不留情地把一个个不能胜任工作的多年老朋友解职。对于这些标准，史密斯将军是当之无愧的。

英国能干的弗雷德里克·E·摩根中将留任担当副参谋长。正是这位具有绅士风度的摩根中将，在伦敦诺福克大厦一间空房子里组织人员开始制订最初的"霸王"作战计划。

另外，英国拉姆齐海军上将担任盟军海军司令，蒙哥马利陆军上将担任盟军陆军司令，利·马洛里空军上将担任盟军空军司令。还决定，在艾森豪威尔到达法国之前，由蒙哥马利任登陆部队的前线总指挥。

登陆欧洲的作战指挥机构有了，下一步需要做的就是作战计划的拟制。

No.4 "霸王"出笼

早在 1943 年 1 月，美国总统罗斯福和英国首相丘吉尔就曾在摩洛哥最大城市——卡萨布兰卡举行过会议，商讨在欧洲大陆登陆的可能性。

在这次卡萨布兰卡会议上，美、英两国达成协议，决定建立一个专门的联合计划参谋部，负责制订一份在德国占领下的欧洲大陆实施登陆的计划。当时的计划包括三个阶段：第一，实施小型两栖登陆；第二，一旦德军崩溃时，向欧洲大陆进行登陆，以占领各战略中心；第三，力争在 1943 年攻占一个欧洲大陆桥头堡，以便 1944 年迅速实施大规模进攻。

▲1944 年 1 月，在伦敦举行的盟军最高统帅部高层会议，与会者从左到右分别是：布莱德雷将军，海军上将拉姆齐，空军上将特德，艾森豪威尔，蒙哥马利将军，空军上将马洛里和史密斯将军。

为了尽快地落实这一进攻计划，盟军参谋长联席会议建议立即任命一位最高司令官。

1943年3月13日，英国的摩根中将被任命为盟军最高司令官的参谋长。这位具有英国绅士风度而且身经百战的将军一上任，就立即着手组建英美计划参谋部。摩根中将给他的参谋部起了一个有纪念意义的代号COSSAC（考沙克），这是摩根的职务的缩写。

"考沙克"的副参谋长是美国巴克准将。不久，考沙克的成员充实起来，美国海军和英国海军各有2名代表参加，还有空军的代表、加拿大陆军的代表、工程兵的代表以及与作战有关的各兵种的代表，一应俱全。到1943年底，考沙克包括有489名军官（其中215名是英国军官）和614名专业士兵（其中204名是美国人），司令部设在伦敦。

摩根中将领导制订作战计划，简称"考沙克"计划。该计划包括三个方面的作战：第一，使德军疲于奔命和感到捉摸不定的周密的牵制性作战计划，代号为"帽章"；第二，德国一旦崩溃，立即进入欧洲大陆的作战计划，代号为"兰金"；第三，在1944年对法国进行大规模登陆作战计划，代号为"霸王"。

其中"霸王"作战计划是最重要的。

在制订"霸王"登陆计划过程中，最使摩根将军头痛的是两个最关键问题：选择登陆地区；确定可能得到的部队数量以及是否有一定数量的登陆舰艇运送这些部队渡过英吉利海峡。

就选择登陆地区而言，摩根将军必须考虑以下几个条件：登陆地区是否在英国战斗机的作战半径之内，是否有便于实施突击登陆以及补给品和后续部队上岸的海滩，是否有利于最后夺取一些港口，以便能迅速改善登陆部队的后勤供应状况。

摩根的参谋部通盘考虑了从挪威到葡萄牙之间所有可能的登陆地点，然后将选择范围缩小到法国北部的两个地区：一是敦刻尔克与索姆河之间的加来地区，二是冈城与科坦丁半岛之间的诺曼底海岸。它们都是满足上述那些条件的地区。

美英联军计划委员会的陆军和空军成员都主张登陆地点选择加来地区，强烈反对选择诺曼底地区。

而联合计划委员会成员、联合作战署署长蒙巴顿海军上将从战略和海军的观点竭力说服其他成员，把登陆地区定在诺曼底。因为加来地区虽然距离英国最近（距离英国海岸最近点只有33公里，而且海滩平坦，附近很少高地和山坡，有其登陆的有利条件），但是，该地区离英国诸多海港较远，运送人员和物资不便。另外，根据得到的情报表明，德军在加来地区已集结了15个师，该段的德军"大西洋壁垒"抗登陆防御工程也相当完善，盟军在此登陆势必遭激烈抵抗，况且这一地区缺乏内陆通道，即使登陆成功，也不易向纵深发展。而诺曼底地区的登陆条件则优越得多。这里地势开阔，可以同时展开26至30个师，又距离英国西南海岸的各大港口较近，便于输送部队和运送物资。更为重要的是这里的"大西洋壁垒"还没有完工，大部分海滩可以使用，而且科坦丁半岛可以挡住从西边刮来的风，海滩的后面不但可以开辟机场，还基本上适合于坦克作战。更为可贵的是，诺曼底地区有瑟堡等重要海港，一旦占领可以很快改善登陆作战的后勤供应。

几经权衡，摩根中将在 1943 年 6 月 26 日决定集中力量制订在诺曼底进行登陆的计划。

关于登陆部队数量和运输工具的问题，摩根原来被告知可以得到足以海运 5 个师和空运 2 个师的运输工具。可是，当他把现有的运输工具总计起来时，发现只够海运 3 个师和空降 2 个旅。

他不得不警告说，历史经验表明，如果不能保持登陆时的锐势，两栖作战就要陷入困境。而此次登陆，非同一般，在这里，锐势比在任何其他地区都更加重要。德军可能在 5 天内调动 12 个以上的机动师压向登陆场，如果盟军登陆部队增加的速度不能超过德军机动师增加的速度，那么，这次战役成功的希望是很小的。所以必须增加各种船舰，以提高输送后续登陆部队的能力。

就这样，"霸王"计划逐渐有了雏形。

1943 年 5 月在美国首都华盛顿召开了又一次会议，美国总统、英国首相和同盟国参谋长联席会议成员都到会，会议首次暂定在 1944 年 5 月 1 日横渡英吉利海峡，进攻法国北部。

1943 年 5 月 30 日，在法国登陆的密语改为"霸王"。这样上述作战计划就成了最初的"霸王"作战计划。

1943 年 8 月在第一次魁北克举行的会议上，美国总统、英国首相和同盟国参谋长联席会议成员审议了"霸王"计划。会上，丘吉尔提出要尽一切努力使首次突击兵力至少增加 25%。

这次会议原则上批准了这一重要作战计划，并决定，此次欧洲登陆作战将是 1944 年同盟国的主要作战，要保证优先使用现有的作战物资。

最重要的是：会议正式决定把登陆作战开始日期定在 1944 年 5 月 1 日。

在制订最初的"霸王"作战计划时，令计划人员最感困难的另一个问题是：在夺取法国北部的港口之前，如何在登陆地点为部队向海湾上运送弹药、补给品和增援兵力？

气象统计数字表明，英吉利海峡在一年的 12 个月里都有大风，好天气持续不了几天；而如果没有好天气，就不能进行长时间的登陆作战。因此，保证进攻锐势和不断输送人员和物资的唯一办法，就是在登陆的海滩附近人工提供一个可防风浪的水域。

为了解决这个问题，他们动员了不少技术人员，设计制造两套人造港口，代号分别是"桑树"A和"桑树"B。前者用于美军登陆地段，后者用于英军登陆地段。

这种"桑树"人造港的最外层是活动防波堤，它们由浮动的钢制构件（代号为"低音大号"）组成，以减弱波浪冲击作用，然后是由31个各有5层楼高的混凝土沉箱（代号"凤凰"）组成的长2,000米的防波堤墙。这些混凝土沉箱将从英国出发，拖过英吉利海峡后沉入海底，组成人造港两侧的堤墙。

堤墙内的港区面积约有2平方海里，与直布罗陀港面积相等，足够7艘万吨级高船和11艘较小的船只停泊。在每个人造港内，都有3条代号为"鲸鱼"的舟桥通道，它们靠海的一端用锚固定，与"罗布尼兹"直码头相连。这种直码头以其计划者罗布尼兹工程师的名字命名，可以随湖水涨落而升降。这套联合装置能使坦克登陆放在潮水的任何阶段卸载，并为坦克登陆舰上的轮式车辆提供通向海岸的单行路线。

除了"桑树"人造港之外，在登陆场附近海面还有"醋栗树"为登陆舰和其他船只提供避风的水域。每个"醋栗树"避风水域由一列老旧的船只组成。它们在与海岸平行的位置上，下沉到大约3米深的水中。两个美军登陆地段和三个英军登陆地段都各有一个"醋栗树"避风水域。

实施这一庞大计划耗费了大量钢铁和人力，价值2,500万英镑，有70多艘船只为建造"醋栗树"而沉入海底。另外，盟军大约动用132艘拖船，把除沉船外全部建筑构件拖过海峡。

英国的另一个计划"普拉托"，是"海底输油管"的缩写，这是一个向登陆部队迅速提供所需大量油料的独创办法。当时盟军缺少油船，并且担心在登陆之后德国潜艇会集中力量袭击油船。英国石油工程师们想出了这个解决办法：用一艘以5~10节航速行驶的轮船敷设一条小管径的软油管，解决了登陆滩点的油料供应问题。

还在1944年年初艾森豪威尔离开地中海到伦敦赴任之前，曾和蒙哥马利、史密斯一起研究了魁北克会议通过的"考沙克"计划。

他经过认真考虑后指出，该计划所提出的狭窄正面和3个师的登陆是不够的。他命令先于他到达伦敦的两位军官，坚决要求同盟国参谋长联席会议加宽正面和进行5个师的登陆。接到艾森豪威尔的指示后，计划军官提议把登陆正面从40公里加宽到80公里，即从科坦丁半岛东海岸的一点到奥恩河口；同时要把登陆的第一梯队增加到2~3个空降师和5个步兵师，并用2个师作为在海上跟进的预备队。

为了加宽登陆正面，新的计划规定在美军原来的"奥马哈"地段和英军登陆地段之外，再增加一个"犹他"登陆地段。

此时从什么地方搞到更多的登陆舰船成了问题。运送新增加的兵力，估计需要有6艘登陆人员运输舰、47 艘坦克登陆舰、71 艘步兵登陆艇和 144 艘坦克登陆艇。要得到这批舰船，只有把登陆日期从 5 月 1 日推迟到 6 月 1 日，以便再得到美国一个月的造船量。

此外，为了使诺曼底登陆作战中的运输和舰炮支援能力增加一倍，不得不把在法国南部的"铁砧"支援性辅助登陆作战，推迟到 1944 年 8 月 15 日后再开始。

这样，最后经修改过的"霸王"作战计划包括了以下几个要点：

在海上登陆开始前不久，将空投 2 个空降师在海滩的内陆着陆；

用舰艇遣送 5 个步兵师在诺曼底海滩登陆；

部分第二梯队将在"D 日"第二次涨潮时迅速登陆，第二梯队的其余部队则必须在第二天登陆；

在此之后，盟军将力争以每天 1.3 个师的速度增强地面部队；

建立牢固的联合登陆场之后，应尽早夺取瑟堡港。

此外，还力争在 5 至 6 个星期内占领布列塔尼半岛各港。

此次作战较长远的目的是粉碎西线的德军，攻占巴黎和解放法国南部。

为了完成这个宏伟的计划，登陆部队编成第 21 集团军群，下辖美军第 1 集团军、英军第 2 集团军和加拿大第 1 集团军，并决定建立两个特混舰队：东部特混舰队（英军）和西部特混舰队（美军）。

东部特混舰队由英国维安海军少将指挥，负责遣送英国第 2 集团军的 3 个师和加拿大的第 3 步兵师，在奥恩河和贝辛港之间正面约 48 公里的 3 个地区登陆。这 3 个登陆地区是"金海滩""朱诺滩""剑海滩"。该特混舰队将包括 3 个登陆编队，它们分别是"G""J""S"登陆编队。整个登陆编队由英国战术空军第 2 航空队负责空中支援。

西部特混舰队由美军柯克海军少将指挥，负责遣送美国第 1 集团军的 3 个师在紧挨英军以西的 32 公里正面的 2 个地区登陆。这 2 个登陆地区是"奥马哈"和"犹他"。该特混舰队包括美军"O"登陆编队和"U"登陆编队。整个登陆编队由美国战术空军第 9 航空队负责空中支援。

此外，登陆部队的 2 支第二梯队登陆编队，即"L""B"后续部队将在第一梯队登陆之后立即到达。

计划还明确规定，参加作战的所有军舰和商船均分别划归各个登陆编队指挥；为了避免在指挥方面发生误会，陆军部队在海上应服从海军部队司令官的命令。

艾森豪威尔在 1 月中旬到职时，就批准了这个计划，并将此计划正式命名为"霸王"作战计划。1 月 23 日该计划呈送到同盟国参谋长联席会议。

参联会同意了这一计划。为了更好实施"霸王"作战，决定把原来在法国南部登陆的"铁砧"作战计划推迟实施，以保证诺曼底主要作战方向。

英国海军上将拉姆齐，这位曾经成功地组织了敦刻尔克大撤退的人，在"霸王"作战计划中负责把盟军送到欧洲大陆。他的任务是在最高司令部指挥下，"对全部海军兵力（远程掩护兵力除外）实施指挥和控制"，同时"在法国海岸附近的登陆地域内实施直接指挥"。

1943年10月，他开始率领他的参谋机构制订"霸王"行动的海上部分——"海王"行动计划。

盟军最高司令部给海军下达了如下任务："使登陆部队安全而准时地到达预定的登陆海滩，掩护他们登陆，随后，对我岸上部队进行支援和供应，并迅速运送后续部队登陆。"

为了完成上述任务，需要集结历史上最大的一支海军舰队，这支舰队包括：2,468艘登陆舰艇，1,656艘驳船、拖网渔船和渡船，423艘辅助舰艇，另外还要有1,260艘商船用来保障第二梯队的运送。

为了将运载10万名士兵的7,000艘舰船安全护送渡过英吉利海峡，并按照所需顺序准时到达指定地点，必须要有大量的战列舰、浅水重炮舰、巡洋舰和驱逐舰在登陆过程支援登陆作战；还要有护卫舰、护航驱逐舰和轻型护卫舰为横渡海峡的登陆输送队进行护航；要有近海巡逻艇抗击德国海军神出鬼没的潜艇、秘密武器和低空飞机的攻击。拉姆齐认为，至少要有702艘作战舰艇。

值得一提的是，在上述惊人的数字中，尚不包括扫雷舰艇，而扫雷任务又恰恰是十分繁重的，据初步计算，大约需要255艘舰艇和设标船。

为了使如此庞大的舰队能够在复杂的作战中有条不紊地完成各自的任务，拉姆齐主持制订的"海王"计划中建立了一套简明高效的指挥系统。

海滩勤务组织包括如下两个机构：

（1）海滩海军主管军官，在其负责的海滩上他是作为海军最高行政长官，直接向本登陆突击编队司令负责。

（2）渡船高级指挥军官，密切配合海滩勤务总主任和海滩勤务大队队长的工作，对本海滩附近的所有渡船进行控制。

为了使突击登陆后向岸上增兵的速度和数量得到保证，盟军成立了"后勤部队控制组"，简称"布考"；"周转控制组"，简称"特考"。这是两个跨军种的组织，分别负责解决陆军和现有舰船之间出现的问题，组织英国南部港口与登陆海滩之间船只的调动，并督促卸空的船只尽快返航进行重新装载。

▲ 艾森豪威尔与盟军最高统帅部的诸位将领合影。

　　此外，盟军还成立了"联合修理组"，简称"考里普"；"拖船控制组"，简称"考塔格"，分别负责协调损伤舰船的修理工作和用最经济的办法使用拖船。

　　周密的作战计划，为保证此次登陆作战的成功奠定了坚实的基础。

◀ 盟军用于登陆的坦克整齐地停放在军械库等待装运。

第四章

"大西洋壁垒"

德国的军事家们看到，法国西部迟早要成为战场，成为与盟军交战的一个大战场。希特勒曾大肆鼓吹，要在欧洲与英国隔海相望的海岸线上修建一道坚固的对抗盟军入侵的海岸防御设施，即"大西洋壁垒"。希特勒和德国将领们设想，在从挪威到西班牙数千公里的大西洋沿岸，构筑一道永久性抗登陆防线。这道防线由坚固支撑点和野战工事构成，设有地雷场和水中障碍物配系。构筑这道防线的根本目的，是防止盟军登陆。显然，这是一道工作量大得惊人的防线。

No.1 德国调兵遣将

拉斯腾堡……

一条从东普鲁士森林中穿过的铁路，通向这个地方。

坐落在一片森林之中的元首大本营戒备森严。通过第一道入口大门之后，透过高高的树干之间的空隙，可以看到用淡绿色伪装着的巨大水泥立方块、2 米半高的通电铁丝网和机械地前后大步走动的哨兵。

在这些精心设计的工事和防弹掩蔽部的周围，布满了带刺铁丝网和雷场，安装了现代化的警戒设备。第一道大门内是布雷的地堡群，整个地堡群分布在直径不小于 3 公里的环型区内。那里设有双岗，不时地有巡逻兵走动，并有高度机动的应急分队。只有通过第二道大门才能进入元首大本营的工作室和行政管理室。它包括德国武装部队总司令部的作战参谋部和各种各样的附属部队。这里的各部、处彼此之间被警卫分队和岗哨分割开。担任警卫任务的核心是军官卫兵。

穿过第一层，走进更里面的一层，是专门留给高级司令官的，最里面就是第三帝国元首希特勒的私人指挥所——"狼穴"。这所大本营的元首避弹室的防卫更是固若金汤：有一套严密的保卫、安全、隐蔽、伪装系统，还有双层和三层监视系统，使"狼穴"成为一座坚实的堡垒。

在战争开始的几年中，拉斯腾堡宣布的总是胜利的消息，因而这个地方总带有一种欢快的气氛。可是，随着后来东线形势的逆转，俄国军队从防御转入反攻，以及情报部门提供的关于盟军可能在欧洲登陆的消息，这个营地的气氛很快显得阴郁了。与此同时，这个营地的主人也发生了相当大的变化。

大约从 1940 年开始，德国元首希特勒逐渐从以前几乎完全公开的生活中隐退，过着深居简出的生活。希特勒的隐退实际上是在战争爆发后开始的。他出头露面的次数越来越少了，把演讲的任务主要留给宣传部长约瑟夫·戈培尔，他本人的注意力全部集中到军事作战的具体指挥上。

如今，在拉斯腾堡，这个隐退的过程完成了，"狼"不离开它的窝了，希特勒的生活缩小到操纵地图上的标志，而这些标志同由人组成的部队慢慢地越来越不相关了。现实正迅速地被一种梦幻所代替。

这段时期以来，希特勒外表的变化足以使那些了解他、但又有一段时间没有见到他的人大吃一惊：他的背驼了，左臂和左腿不时地抽搐，动作通常是迟缓的。他的眼睛除了激动时外，已经失去了原有光泽，似乎丧失了以前曾使每一个获准走近他身旁的人吓得呆若

▲ 希特勒早期在拉斯腾堡的照片。

木鸡的那种可怕的蓝光。

但是，观察者们同样也注意到，元首的智力仍像以前一样敏锐。尽管他身体虚弱，但是他看上去一点也不忧郁，眼下他正在考虑如何对付盟军可能的欧洲登陆。

纳粹德国元首希特勒早就预感到盟军在西线的战略意图。

为了对抗盟军可能的登陆，1942年3月，希特勒派陆军元帅冯·伦德施泰特指挥西线战场，并下令从挪威到西班牙沿岸构筑一道坚固的海岸防御体系。希特勒把这个由成千上万个互相支援的雷达站、指挥所、岸炮连、坚固支撑点构成的防御设施，命名为"大西洋壁垒"。

1942年8月19日针对盟军的破坏性登陆，希特勒下令以最快速度建成"大西洋壁垒"，使那些防轰炸和防舰炮的混凝土建筑组成一条连续不断的防御地带，以便控制各主要港口和海滩。9月29日在柏林召开的军事会议上，希特勒命令参加会议的军官们："这条筑垒战线要配备30万德国哨兵，修筑15,000个钢筋水泥堡垒，要像齐格菲防线吓住法军那样镇住企图登陆的盟军。"

希特勒要求在重要港口和潜艇基地周围每隔约46米就浇筑一个钢盘水泥堡垒，使之构成串联的环节，海岸的其他地方则每隔约91米修筑1个。海军岸炮基地和潜艇基地另有特殊的要求，墙壁和天棚要用4米厚的钢筋水泥浇筑。希特勒要求"大西洋壁垒"上的重机枪、坦克、反坦克炮都要进行伪装防护，以便对付盟军的炮击和轰炸。他提醒说，每个钢筋水泥掩体的设计必须把一切都考虑进去，要能防毒气，随时有氧气供应；盟军会使用凝固汽油弹，掩体必须有台阶和突出物，以便阻止燃烧的汽油流入掩体；每个大一点的掩体，要配备火焰喷射器。希特勒意图把"大西洋壁垒"造得令人望而生畏，整个工程设计就必须周详、细密，必须认真谋划。

希特勒特别命令：必须于1943年5月1日前构筑完成上述任务，并配备齐兵力。这个命令规定的时限太短了，简直无法完成。伦德施泰特在战后评论说："如果'大西洋壁垒'要建成像希特勒要求的，或像宣传的那样强大，需要10年时间。"

1943年10月，德军西线总司令伦德施泰特元帅仔细地视察海岸防御情况。这对于69岁的陆军元帅来说并不是一件轻松的事。视察后，他向元首希特勒上送了一份报告，大意是岸防工事不足，部队太分散。结论是：他的部队只能"有条件地做好战斗准备"。

希特勒认真处理了这份报告，于1943年11月3日就西线防御颁布了一项具有根本性的第51号命令。

这份命令说：各种迹象表明，敌人计划至迟在1944年春入侵法国。最大可能的登陆地点是多佛尔海峡的加莱海滨，必须最大限度地加强该处的防御。未经他本人批准，不得再从西线调走部队，一旦敌人登陆成功，必须以强大的反击将其抛入大海。

这就是说德军要组成快速战略预备队，反击盟军的登陆。这一点也正是伦德施泰特经常提出的要求，并且作为他防御计划的核心。

1943年11月6日，勇猛顽强的"沙漠之狐"隆美尔元帅被希特勒任命为西线"特种任务集团军群司令"，归西线总司令指挥。其任务是研究西海岸的防御配系，负责改进从丹麦到西班牙边境数千公里的岸防工事，并草拟出迎击入侵之敌的作战计划。

精力充沛的隆美尔于1月份调来西线。他到任后立即着手布防，准备狠狠回敬一下那些曾在非洲击败过他的可恶的对手。用英国陆军上将蒙哥马利的话讲：隆美尔将使出浑身解数迫使我们重演敦刻尔克那一幕。

隆美尔元帅可谓一名卓越的指挥官，又是一位出色的工兵专家。他指挥一支由50万苦工组成的劳动大军。这些苦役在海水底下和地雷密布的海滩设下大量钢筋混凝土障碍物；在海岸上构筑了许多隐蔽得很深的炮台，以控制所有可能进行强行登陆的地点。

此外，在盟军可能的登陆地点上，德军还布设了反坦克陷阱、带刺铁丝网、工事坚固的步兵掩体以及厚壁碉堡；海岸后面设下雷区；再后面，平坦的田野上，则筑起大量哨所，以便粉碎盟军的任何空降行动。德军还在诺曼底海岸后面沼泽遍布的低地上，特别是在重要港口瑟堡南面的科汤坦关岛底部地区引入大量海水，以增加盟军空降突击时的困难。

隆美尔立志要在海滩上击退盟军的任何攻击。

希特勒为了加强西线部队力量，又从苏德战场调回了精锐的装甲师。

当盟军反攻时刻逼近时，德军已在法国北部和比利时、荷兰等国家境内集结了41个师，另有18个师驻守卢瓦尔河南岸，随时准备北上增援。

在被纳粹占领的法国，由于德军预计盟军将在加莱和布伦周围地区发动反攻，德军在这一地区驻扎的第15集团军共计有19个师，而驻守在诺曼底的德军第7集团军只有10个师。当时，德军在南欧还驻有56个师，在斯堪的纳维亚还有18个师警戒待命。

▼ 在"大西洋壁垒"执勤的德军士兵。

这样，德军投入整个战争的全部兵力中，共有133个师在西欧与盟军相对峙，有165个师在东欧与苏联交战。在德军32个装甲师中，有18个师继续对付着苏联，12个师准备迎击英美联军对法国的进攻。

令人不解的是，第二次世界大战开始，德国人曾经狠狠地教训过自己的对手，让他们尝过密集坦克群的威力。而如今说也奇怪，这回德国在西线的装甲师却分散配置在比利时至波尔多漫长的战线上。

1944年1月15日，希特勒进一步任命隆美尔为德军B集团军群司令，置于西线总司令指挥之下。但是，隆美尔保留有一定的权限，即在入侵发生时有权指挥第7集团军和第15集团军，不过其辖区仅限于从法国海岸算起向内陆延伸25~35公里范围内的作战地带。大多数装甲师不由他指挥，而是编入施韦彭堡将军指挥的装甲集群。

希特勒在3月20日的会议上，对盟军的登陆地点作了推测，比较接近真实情况。他的雄辩（虽然自己不太相信，他始终认为加莱是重点）也说服了大家，接受了他的预测，相信塞纳湾是反登陆的重点地区。

接着而来就是反击部队的协调和装甲、机械化部队的部署和指挥权问题。

◀德军西线总司令伦德施泰特正在"大西洋壁垒"视察防务。

▶隆美尔正在视察德军"大西洋壁垒"防务。

　　为解决这个问题，希特勒曾发布"元首"40号令，但这个命令没有讲清陆、海、空军各自的职责，结果各军种对命令都有自己的解释，这又增加了各军种之间的摩擦，这方面最突出的是海岸防御问题。

　　本来海岸防御应纳入陆军之中，统一指挥。德国海军司令曾说过，海军岸防地部队的"军纪、训练、警备和给养应由海军负责，作战目的则由有关地区的陆上指挥官负责"，但是第40号命令却规定，只要敌人仍在海上，海岸防御就要由海军指挥，一旦开始登陆，即由陆军负责海岸防御。两种指挥对岸防炮的射击方式有不同的要求，造成岸防炮无所适从，不能正常发挥作用。

　　为统一指挥德军的西线作战，希特勒把伦德施泰特推上西线总司令的位置，但后来希特勒又把隆美尔派往西线，先是巡查防线，后任法国防区的总指挥职务，权力越来越大。委派隆美尔担任战术指挥一事，希特勒事先没有告诉伦德施泰特，这为两人今后的冲突埋下了伏笔。

　　伦德施泰特与隆美尔这两位元帅虽然都同样无权指挥海军和空军，但他们两在对付盟军的大规模登陆观点，却大相径庭。

▲ 德国老牌职业军人伦德施泰特。

No.2 新老元帅之争

德军西线总司令、德国陆军元帅冯·伦德施泰特住在巴黎附近，每日过着"牛奶加蜂蜜"的享乐生活，他手下的参谋军官们似乎已忘记如火如荼的战争场面。他们坐的是高背扶手椅，踏的是高级绣花地毯，住的是豪华别墅，每日在固定时间到那家叫"大胆的公鸡"的法式餐馆里尝着佳肴玉液。

伦德施泰特出身世袭的普鲁士军阀家庭，他的祖辈曾给普鲁士帝国造就了好几代的军阀。伦德施泰特年轻时也义无反顾地投入军队，成为严峻、冷漠和倔强的普鲁士军官。他胸前的道道级带记载着他昔日的"辉煌"。

1939年9月他率领自己的南方集团军群，仅用30天时间就穿过波兰平原，直抵华沙。用他自己的话说，从此在军事词典上增添了一个新词条——闪击战。而后，他率领他的A集团军群于1940年5月越过比利时，绕过法国人苦心构筑多年的马其诺防线，在1个月内大败法军，横扫西欧大陆。同样是这个集团军群，1941年夏天又挥戈东进苏联，重创斯大林的精锐师团，直抵罗斯托夫城下。

德国浓厚的辩证思维的环境，也造就了伦德施泰特的双重特性。他是一个充满矛盾的人。他曾被推崇为装甲兵专家，可是他一生中从未上过坦克，他受不了那肮脏、油腻和噪音。作战中他精于计划，有魄力、有胆识，可是他从不深入下层部队，对于视察部队、检查武器装备、参观士兵食堂、鼓舞部下士气这一类做法，他从来嗤之以鼻。他私下里根本看不起靠"啤酒馆政变"爬上帝国元首宝座的希特勒，常称他为"波希米亚下士"，把希特勒的支持者说成是"一帮流氓"，可是当着希特勒的面他却又毕恭毕敬。

如今他毕竟快70岁，精力到底不如人了。他两眼昏花、眼睑下垂，皮肤苍白、行走无力，可谓风烛残年、疾病缠身。他每天的工作时间很有限，早上10点以前很少开始工作。他把相当多的时间花在阅读推理小说或卡尔·梅的探险故事上，或是消磨在耍弄温房里的大猎狗上。对于盟军即将发动的登陆作战，他有自己的看法和主张。

伦德施泰特这位普鲁士老军人始终认为，对付盟军登陆，地雷和抗登陆障碍物毫无价值，"大西洋壁垒"也不会起多大作用。他认为应当依靠大量的步兵和装甲快速预备队，将其配置在离海岸线一带相当远的后方，以便在入侵之敌组织好登陆场后立即进行机动反击。

德军西线 B 集团军群司令隆美尔元帅没有显赫的家世，其父亲是布伦兹的一个不出名中学的校长，他本人只有六年级的文化程度。他讲话带一口浓重的斯瓦比亚地方口音。这在德国讲究传统和出身的社会里，常成为敌手取笑的把柄。正因如此，也造就了他对特权阶级和贵族深深的轻蔑。

隆美尔在父亲的怂恿下，于 1910 年 3 月来到军校，经过 26 年的努力，才被提升为相当于营长的职务。他的命运转折点是在出任希特勒警卫营长之后。由于他执行命令坚决果敢，被希特勒赏识。1939 年 8 月 25 日，隆美尔作为一名新的将军离开了帝国总理府。1940 年 2 月他成为第 7 装甲师的指挥官。他的师以闪电般的速度横扫欧洲大陆，不到一个月就俘获 97,000 名法国士兵，而自己的损失仅为 42 辆坦克。

德国民众是从《西线的胜利》这部电影中认识隆美尔这位英勇将才的，他的战绩很快传遍了整个德意志大帝国。1941 年隆美尔升任德军驻利比亚总司令。在隆美尔指挥下，德军"非洲军团"掀起一股席卷北非的"沙漠风暴"。这股风暴把英军刮得晕头转向，一败涂地，隆美尔因此荣获"沙漠之狐"的美称。到了 1943 年，隆美尔已经成为活着的传奇式人物，他以一名卓越军事指挥官而蜚声整个世界。

隆美尔是纳粹高级指挥官中少有的与美英打过几年仗的人，对盟军的作战特点有深入了解，对现代战争中盟军所创造的合成战法，尤其是广泛使用空军力量有深刻的体会。

伦德施泰特打心眼里没瞧上这个比自己小近 15 岁的新任指挥官。在他看来，隆美尔只不过是个"童子军"。论出身，隆美尔既不是出自普鲁士军人集团，也不是来自某个有悠久行伍传统的名门望族。他是中学教师的儿子，顶多够个中产阶级，仅仅靠打仗的骁勇，才混个"元帅"当当。他根本没有"运筹帷幄"的能力，当个冲锋陷阵的基层指挥官还差不多，不过，他在非洲曾经炙手可热，不可一世，既然"元首"派他来了，那就让他自己干吧。

隆美尔也没把伦德施泰特放在心上。他对伦德施泰特的豪华作风看不上，认为这不是准备打仗，

▲ 德国新锐职业军人隆美尔。

这是享受；伦德施泰特的参谋人员的那种懒散懈怠也使隆美尔大为吃惊，这些人事实上对法国的防御工作什么也没做。隆美尔在巴黎街头看到的军人不是提着箱子、拎着包袋到处抢购，就是出入剧场、餐馆、酒吧、妓院，尽情享乐，没有一点准备打仗的样子。

隆美尔厌恶那种饱食终日、无所事事的作风，也不喜欢巴黎喧嚣混乱、声色犬马的气氛，他要远离这花花绿绿的不夜都市。和艾森豪威尔一样，他也决心把司令部搬出巴黎，他的参谋班子离开了莱特城，沿着塞纳河向下游移了 37 公里，搬到宁静的村庄拉罗什吉荣。在这里，隆美尔保持着清教徒般的生活：每日清晨 6 时即起，跑步锻炼，恢复体力，以适应未来的激战；吃过简单的早餐，早晨 8 点前就离开了司令部，开始视察前线。

两位陆军元帅可谓是针锋相对。

就盟军的登陆地点，两位元帅也各唱各的调。

伦德施泰特认为，盟军极可能在英吉利海峡最窄地方的勒阿弗尔和敦刻尔克之间的某处登陆。虽然这一带的海岸防御比任何地方都强，但伦德施泰特认为，同盟国军队为了在法国北部平原展开，并向鲁尔区挺进，是肯冒这个危险的。他认为盟国军队将进攻加莱海

▲ 隆美尔和他的参谋长斯派达尔将军（中）共同商讨防务。

滨的另一原因，是该处设有 V－1 飞弹和 V－2 导弹发射场，而这是希特勒准备向英国发射的"复仇"武器。

隆美尔在 1944 年春却认为登陆地点可能更往西一些，如诺曼底。虽然德国大多数将军认为同盟国军队不会如此"愚蠢"，以致把自己束缚在灌木丛生而又荒凉的诺曼底。

隆美尔作为德军中全面掌握现代战争奥妙的人，深知现代战争空军力量的作用，作为战术指挥，首先他要求对战术空军的指挥权。

然而在戈林领导下的德国空军拒不放权。不仅如此，专用于地面作战的空军野战师和伞兵师戈林也把住不放。空军野战师是在 1942 年由空军多余的地勤人员组成，本来准备用于东线，作为损失惨重的东线部队的补充兵员。这个师的大多数人是空军出身，官兵素质很好，装备精良，但缺乏地面机动作战的训练和经验。在俄国作战过程中，损失很大，调回西线修整。当时若将这个师作为新生力量归于陆军部队，不仅可使陆军增加兵力，而且还能提高作战素质，但戈林不点头，隆美尔也奈何不得。

伞兵情况也是如此。他们与党卫军的情况类似，也属德军的佼佼者，是一只精锐部队。他们顽强善战，训练有素，并配备精良的地面作战武器，可惜他们从未参加空降作战。

隆美尔没有得到这两个师，但德军统帅部在空军领导权问题上似乎很大方，希特勒和统帅部答应调派 1,000 架战斗机给隆美尔使用。隆美尔手下第 15 集团军的司令官萨尔穆特听到这个消息不禁欢呼起来，说："有 1,000 架战斗机我们就能击退任何进攻。"

隆美尔专门去看望了德国空军驻法国司令官。这位名叫雨果·施佩勒的空军元帅戴着一只单层眼镜，长着双下巴，长得肥肥的，体重 130 多公斤，从吱吱作响的椅子上站起向隆美尔介绍情况。

他冷冰冰地解释说，敌人进攻的第一天，德国空军事实上插不上手。那 1,000 架飞机分散在各个战场，至今还没有一架调来西线。德国的地勤人员已为飞行中队作好了准备，但是那些飞行中队——包括飞行教员和学员——实际上要在敌人入侵后几天才能从德国赶来。1,000 架战斗机的允诺实际上是"画饼充饥"。

再看当时西线的空军实力：据说，驻有 20~30 万空军地面部队。然而飞机数量太少，不得不放弃靠近沿海地区的机场，迁往法国内地机场。在这种情况下，戈林还自不量力，主动送上门去，恢复对英国的空袭。1944 年 1 月，德国西线"对英袭击司令部"拥有 524 架飞机（90% 左右是老式双发动机轰炸机），其中能参战的有 462 架。从 1 月 21 日到 5 月 29 日，德军共对英国进行 29 次空袭，单是对伦敦就空袭 14 次，平均每次出动 200 架。但是德军损失很大，战果微小，美国人讥笑这种空袭是"婴儿闪击战"。

空袭到最后，那 500 多架飞机只剩下 181 架，其中只有 107 架还能参战。这样的空军数量与盟军上万架各式高性能飞机相比，根本不是盟军空军的对手。等于说，在进攻开始，德国必须拱手让出制空权。这消息对隆美尔似冷水浇头，令他浑身打颤。

海军，隆美尔心中有数，是更指望不上了。

隆美尔坚信"大西洋壁垒"的作用，虽然他所要求的防御纵深几乎与伦德施泰特相等，但是他特别重视地雷场和登陆障碍物的作用。在隆美尔的作战计划中，对盟军的防御有四道：一开始是水下雷区，然后是抗登陆障碍物，再后是筑垒炮和机动炮构成的大西洋壁垒，最后是准备参加抗登陆作战的步兵师和装甲师，他们部署在离海滩 6~8 公里的机动位置。

隆美尔认为抗击盟军登陆兵的主要战线，应位于登陆点的海水高潮线。这条主要战线由延伸到内陆 5~6 公里的各坚固反撑点支援，高潮线与各支撑点之间的地面不是被水淹没（如"犹他"），就是布满上百万个地雷的阻止区，连一兵一卒也无法通过。

凭多年与盟军打交道的经验，他认为盟军首先会以大规模的空袭开路，然后在海上军舰和空中战斗轰炸机的火力掩护下，用数以万计的突击艇和坦克登陆舰在广阔战线上登上海滩；与此同时，再在离海岸不远的内陆投下大批空降部队，从后面打开"大西洋壁垒"，内外夹攻，迅速建立桥头堡，迎接大部队上岸。

盟军登陆前，德军实际采用的主要是隆美尔的计划，同时也做了一些关键性的改动，即各装甲师组成的战术预备队向后配置在离海岸约 8 公里的地方，其原因是装甲兵司令施韦彭堡反对原来计划中使用他的装甲部队的方法。他指出，杰拉（在西西里岛）和萨勒诺的作战经验都证明坦克不是舰炮的对手。他建议最高统帅部的作战部长约德尔，不仅不能把他的各装甲师交给隆美尔指挥，而且应将它们配置在内地。

这一点是致命的。

后来的盟军登陆实际的作战情况表明，同盟国军队作战的真正关键时刻是在登陆日的清晨。如果隆美尔那时能够在"奥马哈"或某军登陆地段投入 2~3 个装甲师，盟军登陆部队的形势肯定会变得相当严峻。

因此，他反对伦德施泰特的纵深防御战略，而主张"主要的战线就在海滩上"：要把敌人消灭在近岸浅水中和海滩上，也就是说要在敌人获得巩固的桥头堡、后续部队到达之前就将其消灭。

他曾和派来协助他工作的海岸防御专家、海军中将卢格说过："如果入侵的军队在登陆三天内不将其赶到海里，战役，也就是整个战争将遭到失败。"

在这三天中，隆美尔还特别强调最初 24 小时是关键。他对他的副官讲过："入侵的最初 24 小时是决定性的 24 小时，这一天无论是对盟国的军队还是对于我们，都将是最长的一天。"

为应付这一天，他坚决要求，在敌人的登陆舰只靠拢海滩之前，等待他们的是布置在高潮线和低潮线之间排成阵势的水下雷区、尖桩和障碍物。然后，是大西洋壁垒，是遍布地雷的死亡带。最后在离海滩 6~8 公里处配置步兵和大炮，再加上隐蔽的坦克，在这条战线上，凡是会放枪的人都得上阵，甚至连炊事班也不例外。为达此目的他坚决要求装甲和机械化部队要归他指挥。

那时隆美尔已经意识到时间的紧迫。他仔细视察了海岸，临时增加了为应付特殊情况所需的武器，布设了更多的地雷和水下障碍物。

地雷是他最喜欢的防御武器，他要求每月送来 1,000 万个，这是远远不能达到的指标，隆美尔要求到盟军登陆日之前布设 1 亿个。在大西洋壁垒共布设了约 400 万个地雷，这就是说，在可能登陆的地区，地雷密度为约每 3 平方公里 16 万个。如果这个不可能实现的目标真正达到的话，同盟国军队在登陆前将不得不延长舰炮火力准备的时间。

抗登陆障碍物是由德国陆军设置的。反坦克障碍物，如"捷克式拒马"或"带角拒马"（由三根铁棍交叉成直角构成）和所谓的"比利时牛棚门"（大约 2 米高的门形障碍物）都收集起来设置在海滩上。

沙滩上还打上钢桩和木桩，并配以地雷。

在所有可能登陆的海滩，从高潮线以下 1 米到低潮线以下 2 米之间的地段，计划设置 4 道抗登陆障碍物。到 5 月 13 日为止，这样的障碍物沿海峡共设置了 50 多万个。到 6 月 6 日，"奥马哈"附近的军事设施几乎全部完工。

隆美尔为了阻止盟军可能的空降登陆，放水淹没了海岸后边的大片低洼地，即第厄普以西，包括伊济尼附近的卡朗坦地区在内的全部较低的河谷，以及"犹他"海滩后面的地区。

除此之外，到 1944 年 6 月，德军在西线组成了一支真正强大的防御部队。自 1943 年 11 月以来，用于抗登陆的战斗师从 46 个增加到 58 个。在 58 个师中，33 个师是海防师或预备师；其余的 25 个师除 1 个师外，都是由质量高、训练有素的部队组成，而且多数部队在苏联打过仗。

伦德施泰特同隆美尔的海滩阵地防御战略相反，主张纵深防御。他从来也不相信阵地防御，因为他指挥的坦克装甲集群曾轻松地绕过法军精心修筑的马其诺防线，阵地防御导致法国投降。他认为雷区和抗登陆障碍物等都是"无聊的小玩意"，起不了什么作用。对"大西洋壁垒"也不感兴趣，他认为"那东西"只能起精神作用，吓吓敌人，振奋振奋自己。

他知道，盟国的情报人员无孔不入，虽严加防范，但敌人对"大西洋壁垒"的了解恐怕比德国人还多。

伦德施泰特的防御战略是依靠大量步兵和装甲预备队，在敌人突破海岸防御工事的外层之后和敌人后续部队到达登陆场之前进行反击，按他的安排步兵和装甲兵要基本配备在远离海岸线的后方。他坚决反对把装甲兵前移，他认为隆美尔根本不懂战略。

其实伦德施泰特对装甲兵的配置安排的主意，出自他手下的坦克专家，西线装甲集群司令盖尔·施韦彭堡。他认为把装甲师像大炮一样固定在死亡地带后面，这等于把装甲师摆放在商店的橱窗里作装潢。

两人各执己见，带有那种——正如美国审讯官后来形容施韦彭堡那样——近于"荒诞可笑"的个人自豪感，谁也不让步。于是，这件事反映到德军最高统帅部。

早在 1943 年希特勒就任命装甲部队的元老古德里安为装甲部队的总监，负责整个装甲部队的组建和训练，权力极大。这次，古德里安亲自前往西线作了视察，他对隆美尔的防御战略，特别是把装甲部队调到前线去，感到十分吃惊。古德里安坚持认为"装甲纵队的力量在于火力和流动这两者的结合"，他要求所有的坦克必须远离敌人战舰炮火的射程之外。

古德里安事后向希特勒报告道："我们必须设下一条准确的停留线，装甲师不得超过这条线开往前线"。在最高统帅部的会议上，古德里安以权威自居，称隆美尔的做法错误。为此事，古德里安不遗余力，先后三次晋见希特勒，企图说服他否定隆美尔的部署。

装甲集群司令施韦彭堡也会见希特勒，说西西里和萨勒诺的教训表明，坦克不是舰炮的对手。所以装甲预备师不能交给隆美尔，而且应配置在内地，最好把装甲部队的主力集中在巴黎以北或以南。

他们的意见引起隆美尔的极大愤怒。当那位风度翩翩穿着红裤子的装甲司令 3 月 29 日第一次与隆美尔相见时，隆美尔一听他的意见就来了火，嚷道："听着，我是个有经验的坦克指挥官，你我好像对任何事情的看法都不一致，我拒绝和你共事，我建议作出适当的结论。"

4 月 10 日，装甲司令与隆美尔之间又爆发一场激烈争论，仍未有结果。不得已，隆美尔向约德尔游说他的防御战略，以求得支持，他写道：

只要在最初几小时内，我们能成功地把机械化师投入战斗，那么我相信敌人对我们海岸的进攻在第一天就会一败涂地……与 3 月 20 日达成的协议相反，机械化师仍然没有置于我的控制之下，这些部队远离海岸，四处分散。

▲ "大西洋壁垒"中著名的"托特"炮台。　　　　　　　　　　▲ 一处伪装成民用建筑物的德国碉堡。

报告中隆美尔还直言相告：

我和施韦彭堡为此发生过争吵，如果不及时地把他置于我的管辖之下，我的办法就行不通。

在报告的最后，还含蓄提出这个问题要尽快解决，否则：

在允许我通过正常渠道提出要求把装甲师归我指挥并调往前线之前，如果我还得等待，势必造成当敌人的进攻真正开始时部队才能迟迟到达的态势，那恐怕就于事无补了。

隆美尔同时还努力试图说服古德里安和施韦彭堡，在面对面的争论中，针对他们要把装甲师后置的理由，说道："你们如果把装甲师留在后面，那他们就无法开往前线。一旦进攻开始，敌人的空军会阻止任何部队朝前运动。即使夜间也不例外，因敌人的照明弹会把黑夜照得如同白昼一般。"

争论长达一个多月，希特勒最后作出一个昏庸的决定，他拒绝接受古德里安袒护施韦彭堡的劝告，也不全力支持隆美尔所要求的对装甲部队的指挥权，而是搞了一个妥协方案：3个装甲师，仅仅只有3个装甲师调拨给隆美尔指挥。这3个装甲师是精锐的第2装甲师、重新组建的第21装甲师和第116装甲师。

其余的4个装甲师作为最高统帅部的预备队留在远离海岸的内陆，没有希特勒的命令，其他人都不能调动。

这样一来，隆美尔对装甲部队的指挥权已所剩无几了。他的位置和盟军的艾森豪威尔差不多，两人年龄相仿，都有现代战争经验，都认识到在现代战争中统一指挥权的重要。为争空军的指挥权，艾森豪威尔甚至拿出最后一招威胁说："让首相另外找一个人来指挥这场该死的战争。我洗手不干了。"英国人不得已交出战略空军的指挥权。

隆美尔看到德国空军对战争已无能为力，他敏锐意识到装甲兵对反登陆作战的胜利具有至关重要的因素，积极要装甲兵的指挥权，但他的决心没有盟军统帅大，终于未果，这就埋下了失败的种子。

No.3 德国的海军和空军

为了对抗盟军的登陆作战，希特勒还准备了空军和海军。

德军的空军第3航空队被命令负责西线作战。第3航空队司令官是施贝尔莱空军元帅，他指挥4个航空兵师和相当数量的高射炮兵部队，共约20多万空军地面部队和机场地勤人员。然而，飞机的数量太少，德军不得不放弃靠近沿海地区的机场，迁往法国内地机场。德军空军的司令部设在巴黎，而飞机却在更西部。

从1944年1月21日至5月29日，1个多月时间里，德国空军对英国一共进行了29次空袭，单对伦敦的空袭就有14次，平均每次出动约200架飞机。

德国空军在5月底和6月初曾对英国波特兰港口内的船只实施了轰炸。6月初，又对布里克斯汉进行了一次轰炸，但由于轰炸兵力有限，效果不佳，战果微小，而且飞机损失很大。到了5月底，德军轰炸部队的飞机已减至181架，其中只有107架飞机可以参战。

德国空军的第3航空队，作为一支防御力量来说更是十分薄弱。到1944年时，这支航空队几乎全部被赶出了法国北部上空。1944年6月5日，第3航空队的全部作战能力是481架飞机，其中包括64架侦察机和100架战斗机。

在抵抗盟军登陆的作战中，德国海军的作用主要是防御性的。

6月6日在法国西部的德国水面舰艇计有驻在比斯开湾的3艘驱逐舰，以及在海峡各港口和布勒斯特的5艘鱼雷艇（每艘排水量约1,000吨）和30艘E级艇。

西线舰队司令是克朗克海军上将，下辖的主要海军指挥机构有：西线防御部队指挥部，设在瑟堡，司令为勃鲁宁海军少将。勃鲁宁的部队负责从索姆河口到海峡群岛之间法国沿岸的小艇夜间巡逻。

E级艇指挥部和潜艇指挥部，潜艇分驻比斯开湾各港口，共有潜艇36艘（其中8艘装有通气管）负责攻击入侵的兵力。E级艇担负沿英国南海岸的侦察性巡逻，但只能在漆黑的、多云的或风浪不太大的夜间进行。

1944年早春，德国沿英吉利海峡正中布设了由触角水雷和触线水雷组成的水雷幕。幸而这些水雷都装有"自毁器"，恰好在6月份以前自行沉没，因为德国人认为到6月份不会再有登陆的危险。但后来还是有一些零散的水雷使同盟国的舰艇受损。

更大的威胁是布于海底的十分秘密的水压水雷，也叫"蛇雷"，这种水雷只要驶近的舰艇使水压发生变化就能爆炸。德国空军急切希望充分利用这种水雷。他们认为，如果在每个上船港口用飞机布雷，只要几百个这种水雷就能使入侵者遭到彻底的失败。

▲ 德军隆美尔（右二）与伦德施泰特（右一）在大西洋防务上各执己见。

　　幸好这个计划执行得一团糟。虽然水压水雷在战争初期就发明了，但是德海军司令部却长期不让生产，因为怕泄露秘密，反被对方在波罗的海用来对付德国。然而，希特勒干预这件事，他命令制造 4,000 个水压水雷，以对付同盟国可能的入侵。其中一半被运送到勒芒飞机场，储存在地下飞机库中。同时，两个布雷飞机中队随时待命。飞机部署在德国境内不受到同盟国空军轰炸威胁的地方，只要警报一响，就开始布雷。但这个计划又被戈林打乱了。5 月份，戈林由于担心入侵可能通过布列塔尼半岛，越过勒芒，于是下令把水雷转移到马格德堡，这样在诺曼底地区对付盟军登陆的水雷又减少了。

第五章

战云密布

　　为了提高组织指挥的效率，艾森豪威尔把指挥部从伦敦市中心转移到泰晤士河上金斯吞附近的布舍公园。但他经常抽出一切可能的时间离开指挥所，到前线去，到士兵中间去。这样，他能最快了解部队的准备情况。在盟军登陆前的短短4个月里，艾森豪威尔将军视察了26个师、24个机场、5艘战舰，他到过的仓库、工场、医院和其他设施，已经无法统计……

No.1 大军备战

到 1944 年 2 月，美国在英国开辟了众多的海军基地。

两栖训练中心：

罗斯尼斯——1943 年 8 月 20 日开始使用，同时也是接收站，还有消防、炮火支援学校和 4 个敌港管理组（管理夺自敌人的港口）。1944 年 2 月 14 日共有官兵 6,329 名。

普利茅斯——位于德文郡，建于 1943 年 11 月 3 日。从 1944 年 1 月 3 日开始是霍尔的舰上司令部和威尔克斯的登陆舰艇与基地勤务欧洲司令部的所在地。该港有维修军舰艇的设备和人员，也是一个主要的上船港，共有军官 90 名，士兵 1,495 名。

法耳默思——位于康沃尔半岛，建于 1943 年 9 月。10 月 28 日，第一艘坦克登陆舰（30 号坦克登陆舰）从美国到达该处，在甲板上带来了一艘坦克登陆艇。

达特默思——位于德文郡，建于 1943 年 11 月，是一个两栖前进基地，也是第 11 两栖部队训练中心所在地。该基地的主要任务是修理和保养登陆舰艇。驻港人员 2,000 多名，一度有 4,000 名水兵在达特默思搭帐篷宿营。

萨尔库姆——位于德文郡，建于 1943 年 10 月，是两栖训练中心，特别是训练步兵登陆艇的中心，也是坦克登陆艇的维修基地。

阿普尔多尔和因斯托——位于北德文郡，建于 1943 年 7 月 29 日，用于训练登陆舰艇人员，并协助陆军训练士兵们习惯于船上作业。到 1943 年 11 月，有 60 名军官和 700 名士兵。

米耳福德港和佩纳思——位于南威尔士，建于 1943 年 11 月，是两栖训练中心和维修基地。负责训练各型舰上水兵，并担任紧急修理工作。

延默思——位于德文郡，建于 1943 年 11 月。负责训练和修理机械化登陆艇，于 1944 年 4 月迁到韦默思。

两栖训练小型前进基地：

圣莫斯——位于康沃尔半岛，建于 1943 年 9 月 7 日。用以集结、维修和管理一个登陆艇支队，并对艇员进行高级的训练。1944 年 2 月，共有军官 70 名、士兵 596 名。

福韦——位于康沃尔半岛，1943 年 10 月 25 日建立，主要用于训练小艇人员。1944 年 3 月，开办了一所医务训练学校，主要训练坦克登陆舰的医务人员。"海王"作战中，许多美国坦克登陆舰除将车辆、坦克等运往诺曼底之外，还兼作医院船运回伤员。舰上配有专门的急救设备、治疗设备甚至外科器械。每舰有 2 名海军尉级军医、1 名陆军外科军医、2 名陆军手术室技师和 40 名海军医务兵。到"D 日"前，共培训了 150 名军医和 2,850 名医务兵。第 6 敌港管理组的 130 名军官和 1,005 名士兵也是在这里接受训练的。

考尔斯托克和萨尔塔施——位于康沃尔半岛，两个小艇和扫雷舰艇的小型修理基地。

补给仓库和修理基地：

埃克塞特——位于德文郡，建于 1943 年 10 月，是美国海军大型两栖补给基地。到"D日"已有军官 200 名，士兵 2,600 名。

朗斯顿——位于康沃尔半岛，建于 1943 年 9 月 6 日，是备用零件补给仓库。备有坦克登陆舰、辅助摩托扫雷艇、扫雷舰、木壳猎潜艇和钢壳猎潜艇的全部主机零件和所有两栖舰艇上的器材。

蒂弗顿——位于德文郡，1943 年 9 月建立，是海军帆缆器材和备用零件的小型仓库。

布格尔——位于康沃尔半岛，1944 年 2 月在废弃的采石场上建立，是海军弹药仓库。

赫奇思德和勒格歇尔——位于威尔特郡，1943 年 10 月建立，是柴油机翻修基地，与美国陆军共同使用。

各种辅助基地：

内特利——位于汉普郡，1944 年 4 月 1 日建立，是美国第 12 海军医院基地，皇家维多利亚医院内。1944 年 6、7、8 月间有 500 多名伤病员在此治疗，其中 54% 是在战斗中负伤的，除美国陆军、海军、海岸警卫队和商船上的伤员外，也有英国、加拿大和法国的伤员。

德普特福德——位于伦敦稍东的泰晤士河南岸，1944 年 2 月建立。是两栖前进维修基地，主要维修从地中海前来参加"海王"作战、供英国第二梯队使用的那些坦克登陆舰和其他登陆舰艇。到 5 月 1 日，有 25 名军官和 2,425 名士兵驻扎。由于它靠近伦敦，经常遭到敌人的轰炸，但在 6 月 1 日，它还汇报说配属给"L"编队（英军登陆地段的第二梯队）

▼整个英格兰南部都成了盟军为实施诺曼底登陆调兵遣将的大军营。

的 38 艘美国坦克登陆舰百分之百地可以作战。从 6 月 13 日开始，它成了德国 V - 1 飞弹的主要攻击目标。7 月 8 日，并靠在一起的 312 号和 384 号两艘坦克登陆舰被飞弹直接命中，遭到严重毁坏，14 人被炸死，11 人受重伤。

威尔克斯负责所有登陆舰艇的战备和训练，并负责召集部队参加霍尔组织的多次演练。威尔克斯有大量的事情要做。1944 年 4 月需要对登陆舰艇进行广泛的改装：安装新式无线电设备，改装艇首门，安装供两舷装载用的舷墙门以及给每艘坦克登陆舰增加大量高炮等。

1944 年 1 月 4 日，霍尔登上陆两栖部队旗舰"安康"号，然后到达普利茅斯港，积极的训练开始了。他是职务最多的登陆编队司令官，不仅要指挥第 11 两栖部队，而且在 3 月 1 日以前，也就是登陆编组开始生效以前，还要一直兼管"U"编队和他自己指挥的"O"编队的舰船训练。所有美国火力支援舰都向他报到，并在他指挥下实施对岸射击训练。这是理所当然的，因为霍尔在欧洲战区实施两栖突击的经验比其他任何海军将领都要丰富。

在德黑兰会议结束不到一个月的时间里，横渡英吉利海峡的进攻准备工作在英国更快地进行着。为此伦敦乃至整个英伦岛南部都发生了急剧的变化，简直成了大兵营。

英国乡间到处是待命登陆的美国部队的营房和临时搭起的活动房屋。大街小巷，到处都可以看到美国军人，美军的车辆把公路挤得水泄不通。从美国运来的第一批武器装备，在北大西洋成功地避开了纳粹潜艇的袭击，安全抵达了英国。虽然，实行"狼群"战术的德国潜艇更加疯狂地在大西洋海域活动，但是，盟国的海军源源不断地获得德军潜艇出没活动的情报，一次又一次地挫败了敌人的进攻，从而使盟军庞大的供给舰队避免了重大损失，海上交通线恢复了。

▼ 盟军用于进攻的车辆正在南安普顿码头等待装船。

与此同时，英美两国几乎所有报纸都在头版头条连篇累牍地登载文章，呼吁盟军尽快开辟第二战场，援助苏联军人。

英国所有的民用舰只都被动员起来，军队也不做任何解释，这些船只就被源源不断地送到基地接受军事训练。

在英国的城市和乡村，到处都可以听到美国口音的英语。美国士兵穿梭在布卡迪利大街和索和区，他们的人数超过了出没在这一地区的妓女人数。在这里随时都可以听到牢骚话，人人都在抱怨工作效率太低。到处都能看到准备工作的繁忙场面。这对于前几年一切都死气沉沉的局面来说，是一个可喜的变化。

美国在英国大量集结部队的速度很快。1944年1月底，在英国的美军总共为937,308人，补给品与装备为3,497,761吨。而到了5月30日，即登陆发起前夕，在英国的美军总数已达1,526,965人，补给品与装备达5,297,306吨。

由于美军部队都是在英国的西部各港上岸，他们便驻扎在英国的西部和西南部，而英国和加拿大的部队则集结在英国的东部和东南部各郡。正因为如此，美国陆军就成为整个盟军登陆部队的西翼。

从某一方面来看，即将开始的诺曼底登陆同第二次世界大战中的任何其他两栖作战都不同。

在太平洋各岛屿的登陆和在地中海的登陆中，登陆突击部队和少量预备队的海上航渡，就构成为达到目的的主要渡海运动，守备部队、补给品和维修物资是以后才运到的，并且大部分军队都用于登陆突击。

即将开始的诺曼底登陆则不同，登陆场也就是屯兵场。在突击部队的后面，其他战斗部队必须按预定的速度接送而来，以便使盟国军队在法国增加兵力的速度，超过德国人调动其预备队的速度。为此，集结在英国作为第一梯队和第二梯队的兵力，仅美军就有150多万，其中包括20个作战师。为了使这些部队连同其补给和装备能够井井有条地开赴法国，准备工作本身就是一次大规模的作战，它的密码代号是"包列罗"。

到1944年6月6日登陆作战时，在英国已准备好了大量的军队、飞机和舰只。美国、英国和加拿大等国共计有33个陆军师，另有美军40多个师要源源运来，各型飞机1.3万多架，战列舰6艘，低舷重炮舰2艘，巡洋舰22艘，驱逐舰93艘，小型战斗舰159艘，扫雷艇255艘，各类登陆艇1,000多艘，连同运输船只总数达6,000余艘。盟军陆海空三军官兵总数达287万多人。

"霸王"作战所需要的一切条件都已具备。

No.2 精雕细刻

"霸王"计划已进入了细致的准备过程中，任何一个细节的失误都有可能带来重大的损失。盟军不敢带一点儿大意到战役的准备工作中，他们不但付出汗水，还要随时付出生命""

1944年1月某日。这是一个没有月色的茫茫黑夜，英吉利海峡浪涛阵阵。一艘英国造袖珍潜艇在水下悄悄越过英吉利海峡潜行至诺曼底海岸处。

通过潜望镜，海水下10米处的潜水艇艇长已依稀辨别出高低不平的远处海岸了""艇长关上目镜的盖子，命令潜艇减速前进。

坐在潜艇舱中的是两位没有佩带肩章的人，透过土黄色的战斗服空白的缝线处可以清楚地看出，原来装订在这个部位的是标志英国突击队的紫色徽章。这两人一位是中尉乔治·雷恩，另一位是中尉罗伊·伍德伦吉。这是他们第二次来到诺曼底海岸了，第一次是几周前，他们被输送到这里去仔细测量海岸的坡度和从浅水海滩到岸上的反登陆障碍物的种类和结构。

这一次的任务则是采集海岸沙滩的标本，具体说，是挖取海滩上的泥沙，带回英国进行化验，看看该地域泥沙弹性如何，试验能否经得住装甲车辆的重压，这一任务靠航空摄影照片是辨别不出的。

潜艇慢慢接近海岸，海岸上每隔不远便有敌军的碉堡和观察哨。艇长再次从潜望镜中观察，当潜艇潜行至两个观察哨之间的一块海域后，便命令停止前进，上浮。

这会儿，两位突击队员已穿好潜水服，佩上手枪和短剑，拿上工具，随着潜艇露出水面，便打开舱门，走出潜艇，毫无声息地滑入冰冷的海水中，向500米外的岸边游去。

几分钟后，这两人已到达布有障碍物的海边浅滩了，他们俩人小心翼翼地绕过这些障碍，悄悄上了岸。

四周寂静无声，远处碉堡不时透出一点点红的光点，在夜色下格外显眼，那可能是放哨的士兵耐不住寂寞和瞌睡，在靠香烟提神。

就在岗哨的眼皮底下，这两位受过特殊训练的突击队员，不慌不忙，一前一后静静地向前运动着。前面的人用剑轻插海滩上的沙土，探测是否埋有地雷；后面的人则从登陆起点处将系有软绳的铁针插到岸滩上，然后跟着前面的往下放绳，每隔30米把绳上已缚好的铁针插到海滩上固定住钢绳，不使之发生移动。之所以如此，是为了在返回时，沿着钢绳走，以避免触雷。后面的人在插铁针的同时，顺势拎一些沙土，按标号放入袋中，准备带回去进行化验。

很快，口袋里的标本泥沙已经装满，该回去了。后边的人打了个手势，前边的人向后折返。

突然，远处传来人走过沙滩的沙沙声，这两人急速卧倒，抬头仔细观察。夜色中，一个德军岗哨似乎听到了什么动静，出来查看究竟，两人屏住气息，一动不动。那个岗哨观察了一阵，毫无动静，既没发现不远处的突击队员，也没发现那条钢绳，便打个哈欠，伸伸懒腰，悠闲地回到碉堡。

又呆了一会，这两人见安全了，便小心翼翼顺着细绳子返回海边，绕过水中障碍物，向远处仍在等待他们的微型潜艇游去。

第二天，这两人又来了，不过换了个地方，是紧挨这个海滩的另一个登陆地点，同样的过程又重复了一遍。

原来，这两人是应美国登陆部队司令部之需，专门调查"犹他"海滩和"奥马哈"海滩情报资料的。通过连续两个晚上的侦察，获得了大量有价值的材料，如登陆海滩的坡度大小，高低潮水位的淹没情况，水下障碍物的设置，海滩土质的构成等。

这些情报资料经专家分析后，有的放矢地提出一条条对策：如轻型活动障碍物可用巨型推土机推，固定大型障碍物可用炸药炸；根据侦察得来的障碍物的形状与结构，还可推算出需要炸药的数量。

为对付海滩上的雷区，专家们专门设计了扫雷坦克，它可以引爆海滩上的雷区，破坏人工障碍物。

为对付黏性过高的沙土，盟军专家们特别发明一种新坦克。这种坦克除有一般攻击火力外，还在坦克车头前装有一卷有一定承载力的钢板，当坦克登上海滩时，随坦克的前进，钢板不断展开，形成一条通道，使后续坦克避免陷入泥潭之中。

这种派突击队实地侦察活动是有极大风险的：不仅突击队员要冒生命危险，而且搞不好还有失密的风险。为保证不把盟军登陆地点泄露出去，每个突击队员的活动范围都很广。光乔治·雷恩这两人要进行上述项目调查的海岸就达 20 余处，跨度从加莱海峡到英吉利海峡，具体哪一处是登陆地点，这些突击队员并不知道。之所以如此，是决策当局考虑到，万一哪次行动不顺利，突击队员被俘，德军从他们口中也不会得到真正的情报。上面提到的这两人，就于当年 5 月 17 日在加莱海峡侦察时，被德军抓去。

与盟军突击队活动的同时，在盟军最高统帅部的统一指挥下，法国地下抵抗组织也派出各种身份的间谍，对"大西洋壁垒"的结构进行调查。

在诺曼底的康城，一位名叫裘雪的法国人干得很漂亮。他本人是个油漆匠，表面看人老实、木讷，似乎还有点愚蠢，肚子里半点货也搁不住。靠这些他通过了德国盖世太保的审查，顺利加入了"大西洋壁垒"修建工程队。

在工程队中他如鱼得水，趁给修建办主任粉刷办公室的机会，他发现印有"绝密"字样的"诺曼底沿岸布防图"。这是一张五万分之一的大比例尺地图，长3米多、宽不到1米。图上标识着自塞尔布尔至奥芬尔之间的大西洋壁垒的设防情况，其中主要的要塞，火焰喷射器和炮兵阵地等都一一标明，连各型火炮的射程和射角、弹药补给供应点、通信系统、各指挥所的位置、主要防御设施等皆有详细记载。

中间几经曲折，裘雪最终人不知、鬼不觉地把布防图带出，交给法国抵抗组织，1943年6月21日，此图被送到伦敦，派上了用场。

无数个裘雪式的人工作在敌后，通过人力转送或秘密电台的电波，盟军收到大量情报。这些情报资料再由专门机构进行分析、比较、鉴定，制成巨大的海岸立体模型，供制订作战计划时参考，并写成有关的情报报告，发至有关战斗部队。

正如每一个重要的战役那样，"霸王"作战实施前，进行了大量的预先作战，以便得到情报，袭扰敌人以及封锁目标等。这个到老虎嘴边去拔几根胡须的行动，只是"霸王"作战前极其繁重的准备工作中的一个小小的行动而已。为了"霸王"行动，早在一年前，盟军的海、空军兵力就开始了侦察活动。

美国空军大约持续进行了一年的空中侦察，以获得有关登陆地段、敌方火炮掩体和部队集结的照片。这一工作是"霸王"作战军事情报的最重要来源，因为当时从法国国内那里几乎得不到有关登陆地域的情报。抵抗力量很少在诺曼底活动，一是因为该地没有可供隐蔽用的山地，二是因为德军已经有效地封锁了未来的登陆场。

从1944年4月1日至6月6日，盟国空军派3,000多架次飞机进行了照相侦察，其他空军司令部的1,500架次飞机也进行了照相侦察，获得了从荷兰到西班牙边境的欧洲海岸的航空照片。这样便有可能标定德军海岸防御工事、桥梁、机场、水淹地域以及德军的临时堆集场和兵站。这些航空侦察照片如果堆起，足足有三层楼房那么高。

除了空中照相以外，英国潜艇，还有英国和美国的鱼雷艇也进行了相当多的侦察，经常在夜间来到登陆地域，尽可能地搜集包括水文、地质、气象、地形、植被以及敌人兵力部署、防御工事等情报。

此外，盟军空军在1944年4月中旬即开始摧毁德军海岸防御工事的特别行动，5月初又开始攻击敌雷达设施与无线电设备、弹药与燃料堆集所、军事营地与司令部、机场。

在盟军突击部队集结期间，空军还忙于从空中保护盟军的海军和地面部队，以防止德军轰炸机和侦察机的骚扰和破坏。

由于盟军空军的奋战，在进攻发起日前的6周内，德军向海峡地区只出动了125架次的侦察机，向泰晤士河入海口和东海岸只出动了 400 架次，其中非常少的侦察机飞近陆地。那些冒险偶尔飞临英伦诸岛上空的德军飞机一般都遭到了有效的拦击。因此，德军不能完全掌握盟军大批部队和船只集结的情况。

此外，1941 年以来，盟军一直在德国控制的沿岸实施攻势布雷，到了 1944 年 4 月 17 日以后更加紧进行了。其中 2 艘英国布雷舰、4 个英国巡逻艇支队以及 6 个英国鱼雷艇支队，在轰炸机司令部飞机的协助下，在 4 月 17 日到登陆日之间共布设了 6,859 枚水雷，其中几乎 2/3 的水雷布设在荷兰的艾莫伊登（E 级艇基地）和布勒斯特之间的海峡各德军占领港口附近。

No.3 练兵

空军的"直射"训练是最有代表性的军种单独训练。

盟军空军实施"直射"作战，是为了有效打击德军并给敌对国的军民造成心理上的严重威胁。

所谓"直射"作战，是以削弱德国军事经济和国民经济、进行心理作战以及摧毁德国空军为目的，对德国占领区的大规模轰炸。

"直射"作战由英国空军轰炸机司令部（司令为哈里斯空军上将）和美国战略空军（司令为斯帕茨空军中将）联合实施。

另外，为了在登陆前孤立诺曼底战场，1944 年 1 月盟军空军司令利·马洛里和他的司令部扩大了"霸王"作战中预先作战的空军总计划，拟定了轰炸法国、比利时和德国的铁路枢纽和列车编组站的作战计划，代号叫"运输"作战。其目的是要瘫痪敌人的运输系统，制止德军增援部队向诺曼底调动。这些作战都附属于"直射"作战。

"运输"作战计划规定，对德国境内的 39 个目标以及比利时和法国的 33 个目标进行为期 90 天的轰炸，以打乱对西线德军提供补给的铁路系统。

在 1944 年 2 月 9 日至 6 月 6 日这一攻击计划的执行期间，共计 69,591 吨炸弹被投下，其中盟国远征军空军投掷了 10,125 吨，英国轰炸机部队投掷了 44,744 吨，美国第 8 航空队投掷了 11,648 吨，从地中海起飞的第 15 航空队向法国南部目标投掷了 3,074 吨。

据另一份报告说，到进攻发起日，已有大约 76,200 吨炸弹，其中用于攻击铁路中心是 71,000 吨、攻击桥梁是 4,400 吨、攻击开阔线路是 800 吨。

此计划付诸实施后，立即取得了惊人的效果。到进攻发起日之前，塞纳河上从鲁昂到芒特——加西固尔一段的桥梁均被破坏；5 月 26 日巴黎以北塞纳河上所有的铁路运输都被封锁，

封锁持续到次月。德军在法国境内的 2,000 个可以使用的火车头中，已有 1,500 个被炸毁。

在 5 月 19 日到 6 月 9 日期间，德军铁路运输急剧下降，指数（以 1944 年 1 月和 2 月为 100）从 69 下降到 38，到 7 月中旬下降到 23，大约 1,600 列火车（其中 600 列装载着德国陆军补给品）被迫从法国退回去。

到 5 月 26 日，从巴黎到海边的所有跨越塞纳河的铁路运输都停止了。德国人试图集中汽车以代替被炸毁的铁路来输送关键性的军用必需品，但是汽车不够，公路上的桥梁也被严重破坏。

另外，按"运输"作战计划所实施的轰炸，使德军岸防工事的浇筑由于缺少钢筋和水泥而受到限制，并迫使德军把 28,000 名来自死亡营的劳工从筑垒工地调去抢修法国的铁路。

"运输"作战计划对保证霸王登陆计划实施起着关键作用。

军种分练过程中，联合登陆演练一刻没有停止过。

英国西部的斯莱普顿是一片由红色的粗沙砾构成的海滩。海滩的前面是一个狭长浅湾，后面是多草的峭壁，极像诺曼底的沙滩。如果把附近村庄的居民撤走，那里几乎是模拟"奥马哈"登陆的最合适地方。

美国陆军第 5 军的训练演习于 1943 年 12 月 15 日在斯塔特湾的斯莱普顿沙滩和附近的托尔湾开始进行。训练的时间很长，但是火力支援舰和小艇是断断续续来到英国的，而且水兵都没有经过训练，这就使得训练复杂化了。

从 1943 年 12 月起，担负登陆任务的陆军和海军就开始进行了一系列旅、师级和军级规模模拟登陆演习。到 1944 年 4 月底和 5 月初，两次全面的预演把联合训练推向了高潮。

第一次全面预演，于 4 月 26 日早上 7 时 30 分在英格兰南部举行。预演由穆思指挥的"U"编队首先开始。搭乘部队和装载装备的舰艇就是在发起进攻日（代号为"D 日"）将要使用的舰艇，演习中的上船港大部分也是"D 日"使用的港口。

4 月 26 日夜间到 27 日凌晨，演习编队像真正驶往登陆地域一样，在担任扫雷任务的扫雷艇的护航下，通过莱姆湾，其劈波斩浪的气势，宛如海峡中骤起的狂飙。在对斯莱普顿沙滩进行"舰炮火力准备"后，紧接着在 4 月 27 日晨"突击上陆"，然后就是卸载和二梯队的跟进""

然而，9 艘来自瑟堡的德军潜艇使这次预演变成了一场实战，德军潜艇突然发射的鱼雷袭击了第二梯队登陆输送队，盟军的 2 艘坦克登陆舰被击沉，1 艘受重创，197 名水兵和 441 名陆军士兵阵亡。这次损失使"海王"作战丧失了备用的坦克登陆舰，后来美国金海军上将不得不从地中海调来 3 艘。

这些损失并没有动摇盟军进一步预演的决心。

5 月 3 日，由拉姆齐海军上将任总指挥的"费边"演习开始了，这是一次与陆军部队集结演习同时进行的，力求最逼真的一次全体合练。演习中，除了没有横渡海峡和在诺曼底登陆外，其他都尽可能逼近真实的"霸王"作战。

霍尔指挥的"O"编队在斯莱普顿沙滩进行预演，3 个英国的登陆编队在朴次茅斯以东的海滩预演。这些演习是整个持续训练的最高潮，总的目的是使所有人员树立起信心，并克服混乱现象和解决存在的问题。

No.4 疑兵

多佛尔，这个英国最南端的海港城市，处处显出迷人的海滨风光。

由于多佛尔与隔海相望的法国加莱城距离最近，所以此时到处都在传说它已是盟军进攻欧洲大陆最主要的出发地。尤其是近日，以勇猛著称的美军乔治·S·巴顿将军引人注目地出现在多佛尔的街头，他好几次带着心爱的狗招摇过市，更使人相信了上述传说。

关于巴顿将军来到英国一事，报纸和电台作了广泛宣传。他像参加竞选的候选人一样，带着广播车，转遍美军在英国的军营，他频频对部队发表演说，鼓励战士们为消灭法西斯而英勇奋战，末了他提醒士兵们不要在公共场所提到他的名字。他不时出现在剧院，接受群众的欢呼。他喜欢这种场面，他每次讲话中都有类似这样的话："我在这里的事仍是一个秘密，请不要提到我的名字。"

这使多佛尔的市民们深信不疑：此地一定驻有一支英勇善战的重兵集团，正在巴顿将军指挥下进行登陆前的严格训练。用不了多久，千军万马就将从这里横渡英吉利海峡，踏上消灭德国法西斯的第二战场。

然而，实际情况却是另一样。

在实施登陆前的几个星期及其后的 6 个多星期内，盟军为了严守大举反攻的机密，实施了一系列周密而成功的疑兵之计，策划了许多扑朔迷离的假象，以混淆、迷惑德国人。

"霸王"行动实施的时间和地点是极端重要的机密。只有保住这个机密，才能把德军部署在丹麦、挪威、芬兰和法国、荷兰、比利时、卢森堡境内将近 90 个师的兵力牵制在远离诺曼底的地区。为此，代号为"刚毅"的一系列欺骗措施不断实施。

整个"刚毅"计划分"南方刚毅"和"北方刚毅"两个部分。

按照"南方刚毅"计划，由电影制片厂出品的大量纪录片在全国上映，影片中大量登陆舰艇出现在泰晤士河和梅德韦河上，数百辆坦克出现在德国飞机能够拍摄到的地区。

英国情报局伪造了一个并不存在的盟国军官。他们利用一个在战斗中阵亡的军官尸体，把它送到海中。不久，尸体漂到西班牙海岸，被德国人发现了。他们在这具尸体的口袋里，翻到一份关于盟军即将发动反攻的登陆行动的作战计划。这份伪造的计划"不露声色"表明，盟军将要攻打加莱海峡地区，这是一条从英国的多佛尔到欧洲大陆的最近路线。

疑兵计划还包含一系列欺骗措施：在已知的敌特机关周围建立了假的无线电网和模拟的登陆舰队，其目的在于欺骗敌人，使其相信同盟国军队已在英格兰东海岸集结了一支大规模的部队，这就是号称有 50 个师 100 万人的美第 1 集团军群，现正在积极准备横渡海峡向加莱海滨进行主要的登陆。

为了显示这次虚构的登陆，盟军成立了一个虚假的美国第 1 集团军群的司令部。司令部设在多佛尔附近，巴顿中将在西西里作战中的猛冲战术已为德国人所熟知，因而荣幸地充当了这个有名无实的集团军群司令。

原本驻扎军队的兵营，当部队已调至上船地域之后，那里仍旧炊烟四起，卡车仍然在无人的营地道路上来往奔驰。其他"营地"——实际上是无人的帐篷城仍留在英国东部，但伪装得具有浓厚的生活气息，从高空摄影的照片上看，就像真的营地一样。这一切使德军情报局认为，盟军最高司令部已确定由巴顿来指挥一支强大的装甲部队实施主要登陆进攻，准备攻打加莱海峡。

而此时盟军反攻计划中的真正登陆部队正在艾森豪威尔指挥下，紧张地为即将实施的登陆进行战前训练。运输舰只也正在英国南安普顿和西南海岸诸港大量集结，为在诺曼底登陆秘密做准备。

英国蒙哥马利将军。

另一个欺骗行动，是让一名和英军蒙哥马利将军相貌极其相似的英国男演员装扮成英勇善战的蒙哥马利的样子，在直布罗陀战区乘着一辆豪华汽车四处兜风。目的是为了让德国人认为蒙哥马利并不在英国，从而使他们误认为盟军不会马上发动横跨英吉利海峡的进攻。

更有甚者，盟国在英格兰捕获的不少为德国效力的间谍也投靠过来，他们用无线电等谍报工具把很多假情报发给在柏林的上司们。

与此同时，纳粹德军占领下的法国加莱和诺曼底都遭到猛烈轰炸，但前者遭到的轰炸明显比后者多 1 倍以上。

"北方刚毅"计划则虚设了一个"第 4 集团军"，号称有 35 万人，其实只有 1 个营级单位用无线电在紧张地工作。

"刚毅"计划使德军感到美"第 1 集团军群"一定会在加莱登陆，以致德军第 15 集团军被牵制在加莱地区达进攻发起日后的 6 个星期之久，德军 19 个师的兵力在加莱海滨等待着美军的到来……

盟军的疑兵之计真可谓别具匠心。

盟军为蒙哥马利将军找到的替身。

第六章

一触即发

　　丘吉尔一开始对"霸王"行动没有把握:"当我想起诺曼底的滩头上挤满了英美两国优秀的青年时,我产生了怀疑……"

　　5月初的一天,丘吉尔几乎是含着泪对艾森豪威尔说:"我和你一起把这件事做到底。如果失败了,我们一起下台。"

　　不过随着登陆作战各项准备工作日趋完善,丘吉尔心中那个结解开了。他热情地告诉艾森豪威尔:"我对这一事业正变得坚定起来。"

No.1 保密

　　随着"D日"的临近和"霸王"修改计划的最后通过，印有Bigot（直译为"顽固分子"）这样一个绝密标记的"霸王"行动文件也相应发到有关部门，知道登陆地点和登陆日期的人也多了，如何保守机密的问题被提到盟军统帅部的重要议程上来。

　　早在制订"霸王"计划纲要时，英军参与纲要工作的蒙加将军考虑到德国间谍可依据盟军大规模集结地点情形，推断出盟军登陆地点的可能，曾要求政府规定："在未来16个月之内，禁止游客去英国南部旅游。"最终丘吉尔以英国是一个自由国家，不能干涉游客的行动自由为由，拒绝了这一要求。

　　现在战役就要发动了，保密工作如何已关系到行动能否成功，作为最高统帅的艾森豪威尔又把这个问题向丘吉尔严肃提了出来。结果，英国政府下决心采取了一系列措施，政府规定：1944年3月10日以后，英格兰南部地区与其他地区之间的非军事运输全部停止。除医生、有特殊工作的人员和少数特许的工作人员之外，其他人员只能步行或骑自行车。这条规定预示去英格兰南部的客车全部停开，游客也就无法到南部海岸了。

　　1944年4月1日，英国政府进一步规定从英格兰东部的沃什湾到西康沃尔半岛的顶端，从苏格兰东部的阿布罗思到福恩湾口的邓巴之间，纵深16公里的沿海岸地区列为军事禁区，外地来访者一律不准进入，当地的居民也不能随便出来。

　　间谍混入游客到南部去的途径被政府两条禁令封住了。

　　另一个走漏消息的途径是经记者之口：新闻记者笔下不经意的新闻资料，有可能成为敌人判断重大军事行动的线索。

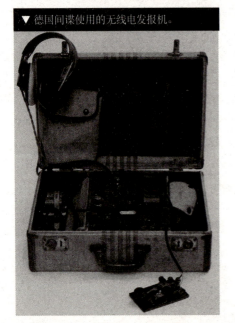

▼德国间谍使用的无线电发报机。

　　艾森豪威尔深知利害，所以一到任就提出实施新闻检查，并给记者分类，受盟军信任的记者享有优惠待遇，其余的则受种种限制。但不论是谁，每篇稿件、每份电报和电传，都要经检查同意才能发出。

　　艾森豪威尔知道，一个巴掌拍不响，为不让记者活动出轨，首先要管住自己部下的嘴巴，要严禁这些人随意向外人或新闻记者发表讲话，违者要受到最严厉的纪律处分。

　　第一个尝到处分滋味的是艾森豪威尔在西点军校的同班同学、密友米勒少将。

4月18日，身为美国第9航空队主要指挥官的亨利·米勒少将在伦敦克拉里奇饭店出席宴会时，酒喝得有点多了，把握不住自己，"信口开河"地三次大声说到"霸王"行动的具体时间，声音大得连侍者都听得清清楚楚。出席会餐的美国情报官埃温特把情况报告上去，艾森豪威尔丝毫不念及老友的面子，当即把他的军衔降为中校，并命令他返回美国。

米勒对此事不服，找艾氏申辩，艾森豪威尔回信说："我最痛心的事莫过于不得不对有骨气的、历史清白的军官触犯军法的案件做出判决，特别是当他们是故旧亲朋的时候，更是如此""正因为你长期以来工作成绩显著，我才觉得建议对你的案子不予更严厉的惩办，而只给予行政处分是正确的。"见此信，米氏再也不敢说了。

盟军保卫部门为确保"霸王"行动的机密，对所有可能泄露情报的渠道都严加防范。盟军统帅部要求各级指挥官严格保管文件，对印有登陆时间和地点的文件，都要按最高保密等级处理，如有违反则严惩不贷。

规定一级级传达下来，人人都很紧张，但还是忙中出错，发生了一些泄密事件。

1944年3月中旬，美国陆军芝加哥邮件分拣处有一件从英国寄来的邮包被打开，在场的4个人看到邮件内容，邮件上送的过程中，有10个人接触到邮件，看到了包中的文件。文件属高度机密，涉及"霸王"行动发动的时间和地点。此事引起保卫当局高度重视，立刻进行调查。原来寄件人是伦敦盟军统帅部的一个上士，德裔美国人，此人因工作过度紧张，又想念他生病的姐姐，工作时鬼使神差，在本该发往进攻部队的邮件上写了他姐姐的地址，因此误送到了美国。此人姐姐一家都是忠实的美国公民，家庭历史清白，与纳粹组织没有丝毫瓜葛。结论是，这件事纯属偶然，上士本人也没有受到任何处分。

但是，那些看过文件的人则走了霉运，不仅每人都受到严格审查，而且一言一行都有人监视，电话被窃听，被告之不得随意离开住所，实际上和关起来差不多，一直到"D日"之后，才重获自由。

另一件事是丢失文件包，发生在伦敦。盟军最高统帅部通讯署长官的副手在乘火车回家的路上，把装有"霸王"作战所有通讯方案的文件包搞丢了。事情严重，他赶紧向上报告，但自己又说不清是在何时、何地、怎样丢失文件包的。通讯署长认为他是喝醉了酒，丢了包，怒撤其职。这是非常重要的文件，文件中记载盟军进攻时使用的全部通讯网和通信密码，如果这些文件落入敌人手里，"霸王"行动就要前功尽弃，盟军多年的心血要付之东流。

正当署长为文件包不知所踪、万分焦急时，伦敦警察局失物招领处来了一个救命电话，告诉他拣到一个标有"绝密"印章、印着通讯署地址的文件包。原来这位副手乘出租车去滑铁卢火车站时，把文件包遗落在车上，文件包被出租车司机捡到后送到失物招领处的。

在盟军官兵和英国民众都被统管起来后,盟军情报部门又盯上另一个目标:各国外交官。

外交官的任务是发展与驻在国的友好关系,也肩负搜集驻在国的情报然后报告给本国政府的职责,这是众所周知的事实。虽然德国无外交官在英国,但他们有很多特务已渗透到各中立国家进行活动,这些中立国家在英国都设有外交使团,要保证"霸王"行动的秘密不败露,蒙加将军又提出要求:政府应取消外交官的某些特权。

开始时,英国外交部对这个建议嗤之以鼻,认为荒唐,连丘吉尔也觉得这个要求是不能接受的。后经艾森豪威尔通过外交途径,两次请求英国政府采取严格保密措施,再加上爱尔兰事件,英国政府于 4 月 17 日宣布,采取空前未有的措施:暂时取消外交邮袋特权,用密语通讯不予受理、投递,外国驻伦敦外交人员及其家属六月底以前不得离开英国,对各国大使馆实行警戒,防止外国间谍躲进使馆。措施实施后,外交使团的抗议声、指责声不断。但丘吉尔首相再次重申:除了美、苏两国的外交官以外,其他各国无一例外。

就是对苏联,虽然理论上它和美国处于同等地位,但实际上英、美也留了一手。苏联人极想了解"霸王"行动的详细内容,以便使苏军在东部战场采取同步行动。英、美想告之详细计划,又担心失密,不告诉具体日期,又无法同时配合行动。思来想去,达成这么个方案:"D 日"决定在 6 月 1 日的前后二、三天内,具体则视天气情况而定(这倒是实话),登陆地点则一字未漏。苏联想得到盟军西欧作战地图,英国政府也以伦敦与莫斯科相距遥远而宛然拒绝。

爱尔兰,是英国的邻居,因为在战时保持中立,所以德国和日本的大使馆能在首都都柏林立足。因能方便地监视英国和向英国渗透派遣特务,轴心国外交使团大部分为军事、情报人员,其规模庞大,德国对那里获得的情报极为重视。英国反谍报当局早就注意到德国人在爱尔兰的情报活动和以此为基地向英国派遣特务进行渗透的举动,便要求政府于 1944 年 2 月 9 日宣布停止英国与爱尔兰之间的一切民间旅行。但德国向爱尔兰派间谍活动仍未停止,又有两名间谍带着无线电发报机在爱尔兰着陆,没等到达德国使馆便被逮捕归案。

此事发生后,英、美政府于 2 月 21 日向爱尔兰总统德·瓦莱拉发出照会,要求爱尔兰立即关闭德、日驻爱尔兰大使馆,没收其无线电设备,断绝同德国、日本的一切关系。

针对爱尔兰的反应,英国又进一步采取措施。3 月 17 日,丘吉尔宣布:从即日起,英国将阻止爱尔兰的所有舰艇和飞机离开爱尔兰前往外国,切断英国和爱尔兰之间的电话、电报线路,中断与爱尔兰的海空航线,封锁爱尔兰各港口,实施经济制裁。

此举实施后,德、日外交官只能呆在大使馆中,不能离开爱尔兰,也不能与本国和外界进行联系。德国用来监视美、英动向的"窗口"被完全封闭了。

就像"天有不测风云"一样，泄密与否还和偶然和不可预料的突发因素有关。在这方面虽不可预料，但事发之后要全力补救。

五月，春末夏初的季节，大西洋的海风经常光顾伦敦。一天，盟军陆军司令部办公室的两扇窗户突然被一阵大风刮开，放在桌面上的12张绝密文件，竟被风全部挟裹出窗外，在大街上飘飘悠悠地滚动着，这可是"霸王"行动的机密材料。军官们立即下楼，开始追逐这些纸张，好不容易找回了11张，剩下的1张，追寻各处也不见踪影。

两小时后，有一位戴着深度近视眼镜的市民找上门来，见到司令部卫兵室的卫兵说，他拣到了一张纸，上边密密麻麻印上不少内容，但极不容易看懂。说完，把这张纸交给了卫兵。一看，这张纸就是那遍寻不得的第12张文件。

这位市民是从哪里捡到这张纸的，他真没有看懂内容吗？若没看懂内容又怎么会把它交到陆军司令部呢？他如若看懂了，有没有把秘密告诉他人？这一连串的问题，都要靠这个市民解答。可以后再也没有找到这位市民，也就永远没有答案了。

另一个突发事件发生在"D日"之前的大规模演习期间。4月25日，盟军最高统帅艾森豪威尔与美军指挥官布莱德雷以喜悦的心情离开了伦敦，乘车来到了大托茅斯与普利茅斯之间的斯拉普敦，在这里他们将要观看大规模登陆演习。

登陆演习在莱姆湾外开始。到目前为止，还从来没有经受过战斗洗礼的美军第4师也参加了这次演习。他们从海上乘船来到这些与诺曼底没什么两样的海滩上登陆，美国的工程师们在登陆海滩沿岸一带修起了模仿敌人的钢筋水泥掩体和碉堡。

演习于4月26日早上7时30分开始，美国第4师从驻地登上坦克登陆舰，舰队起锚，在海上向斯拉普敦驶去，在那假设的诺曼底登陆。

航行十几小时之后，不幸发生了。在快到达莱姆湾时，德国海军的快速鱼雷部队混了进来，并向这些登陆舰发射鱼雷进行攻击，两艘坦克登陆舰被击沉，一艘受重创。击沉的两艘坦克登陆舰上有官兵1,000多人，其中503人淹死。

盟军统帅部接获船队遇到德军的报告后，一面命令护航舰只迅速出击，一面查询是否有美国军官被德国人掳走。蒙哥马利命令立即向受重创的那艘登陆舰的生还者调查。情况很快查清楚：失踪者503人，其中包括一些知道"霸王"行动秘密的军官。失踪者的下落一是落海淹死，二是被德军掳走。失踪者如被抓走，"霸王"行动就有失密的危险，怎么办？盟军统帅部决定委派倍兹将军领导进行打捞尸体，彻底查清失踪者的情况。

倍兹马上来到现场，指派几十艘舟艇在德军鱼雷快艇发动攻击的莱姆湾进行大规模打捞尸体工作。海风阵阵，浪潮飞卷，每日变动的潮汐已把尸体冲向外海，打捞工作极端困难，要花费大量的人力和代价。经查，失踪者中有 10 位军官知道"霸王"行动的秘密，困难再大，也要把这 10 名失踪者找出来，否则要修改"霸王"行动，所花代价更大。

艰苦的工作有了结果：打捞第一天，就发现 4 具尸体，第二天，又找到了第 5、第 6 具尸体，接着又捞起第 7、第 8、第 9 具尸体，还有最后一具尸体没找到。第三天，又全体出动，在出事的海域四处搜寻，晚上，仍然空手而归。"霸王"行动计划看来必须修改了。盟军统帅部的高官正为此而愁眉不展的时刻，海浪冲来了第 10 具尸体，打捞队欢呼起来。

20 年后，倍兹将军回忆说，对他来说，"D 日"前的数周如同一场噩梦，紧张得令人后怕。但这种紧张，获得了成果，堵住了德国人获得"霸王"行动秘密的最后机会。

No.2 会议

1944 年 5 月 15 日，伦敦。

历史悠久的圣保罗学校坐落在伦敦郊外。如今，这所神圣的学校是盟军陆军司令蒙哥马利将军的司令部。

战时最重大的军事会议——诺曼底登陆作战情况介绍会，正在这里的 8 年级教室举行。出席今天介绍会的有英国国王乔治六世、首相温斯顿·丘吉尔、陆军元帅简·克里斯蒂安·史末资等人，英国三军首脑、英国战时内阁成员都出席了会议。

盟军所有的主要指挥官都在场，包括艾森豪威尔、布莱德雷、巴顿、蒙哥马利和他的两个陆军指挥官：迈尔斯·登普西爵士和一位文静的加拿大军官亨利·克列勒。共有 20 名左右将领出席了会议。出席会议的还有参加"霸王"作战的师以上高级指挥官。

在整个战争期间，还没有举行过这么多要人一同参加的军事会议。

讲台上放着一幅诺曼底海滩及其附近内陆的比例地图。地图很大，上面醒目地标着登陆部队在各海滩上陆的地点。地图放在一个斜面上，以便全体出席会议的人都能看清楚。地图的构造也很巧妙，既便于讲解作战计划的高级军官在上面走动，又方便指示各个界标。

实际上，在这次会议之前，参谋部的作战计划官们曾经在这个圣保罗学校，用了整整一天时间反复说明、审查和协调整个"霸王"计划中的各个细节。

今天会议的目的不只是介绍"霸王"作战计划，它还有另一个目的，就是使所有司令官注意最高统帅部的总意图，并让每一个司令官对可能得到的援助措施，有一个完整和全面的概念。

艾森豪威尔将军首先宣布会议开始，他说："今天，我们就进攻法国这个问题开个短会。"他要求大家把现存于陆海空三军之间的不和意见全部放下。

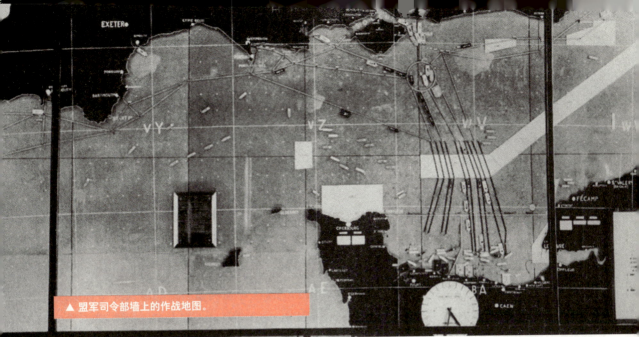

蒙哥马利将军作为地面部队总指挥首先发言。他宣布，在法国他将面对德军60个师，其中10个是装甲师。

他说："2月份，德军隆美尔元帅从荷兰转到卢瓦尔担任指挥官。现在十分清楚的是，他的目的是想阻止盟军的任何突破，把"霸王"行动彻底击败于海滩上。为此，隆美尔已经加强了海滩的防御措施，增加了兵力，并对后备的装甲师重新做了部署""

伯纳德·劳·蒙哥马利将军是英国著名的战将，也是一位极有个性的人物。他个头矮小、处事跋扈而精明强干。他的穿着与众不同，平时很少着军装，总穿着一件与众不同的老式羊毛衫，一条灯芯绒裤子，头戴一顶黑色贝雷帽。另外他与艾森豪威尔有别，他有指挥作战的辉煌经历。在英国人的眼里，他是王国第一流的战士，也是最受崇拜的军事家。

此刻，他详细讲述了德军可能采取的反击行动后，对盟军一系列对策提出了自己的方案。他说："届时，我们必须依赖我们突然进攻的威力，依赖于来自海军和空军强烈的火力支援，以及我们自身的那种质朴而健全的智能""在敌人还没有来得及调遣足够的后备力量之前，我们必须在岸上开辟我们的通路，建立起一个立足点。装甲纵队在登陆那天必须迅速向纵深穿插，以便打乱敌人的防御计划……"

在此之后，盟军海军司令拉姆齐上将、空军司令利·马洛里上将都发言，他们分别介绍了经过修改的"霸王"作战计划中海军和空军的实施计划。

而后，会议还以一个半小时集中介绍了美军的登陆部分。柯克介绍了西部特混舰队的计划，布莱德雷介绍了第1集团军的计划，奎萨达介绍了陆军第9航空队的计划。英国军官也介绍了英军的登陆部分。

首席后勤军官和民政人员也发了言。

英国国王和首相丘吉尔在会议最后发表了简短讲话。

英王乔治六世是一位年轻、英俊的君主，他在公众面前腼腆羞怯，说起话来总是结结巴巴。所以，他很少公开发表演说。今天，在这种场合，他的举止和说话的勇气却给人留下了普遍印象。他首先对来自各盟国的军事领导人表示欢迎，然后接着说："我们不再孤军奋战了。"下面响起了热烈的掌声。

接着是英国首相丘吉尔发表讲话，这位首相对于在公众面前发表演说可谓轻车熟路。

温斯顿·丘吉尔，这位伦道夫·丘吉尔勋爵夫妇的儿子，生于1874年。在一般人的观点中，他的生涯和他没有足月就落地一样，也是先天不足的。他那富于想象的天赋，使得他成为一个不合时宜、难以为人接受的怪人。他对他自己的国家、盟国以及他的敌人，有着惊人的透彻认识。也正是由于他这种敏锐的政治眼光，使他很难得到本国人民的广泛拥戴，也使他的大半辈子充满了坎坷和挫折。

在第一次世界大战时，丘吉尔是一名海军大臣，是他一手导致了加利波利战役的惨败。20多年后，在决定历史命运的关键的1940年，他当选为首相。从此到1945年的5年时间里，他和英国一道度过了最可怕的战争梦魇。

如今，他已完全恢复了常态，而且又有机会为他不光彩的军事声誉重整旗鼓了。此刻，他所面临的问题是如何在讲话中尽量减少那些华丽辞藻。在他不长的演讲中，有一段特别有力的话震动了在座的各位。他说："先生们，我坚定不移地支持这个军事行动！"

这赢得全体到会者的热烈掌声。情况介绍结束了。

会议结束后，所有高级指挥官都分头去视察他们能够到达的各部队和各单位。

这次会议不仅标志着所有"霸王"作战预先计划和准备工作的实际完成，而且还加强了到会者的信心。到会的几十名指挥官和参谋都详细地了解到，在这次大规模行动中，他自己特定的那部分部队将获得多大的支援。

临近登陆前的这些日子，每一个基层作战指挥官都得到一份大比例地图，万分之一比例的海岸线草图一直发到西部特混舰队最小的登陆艇上。图上有一张从海上眺望海岸的全景照片，详细地显示出建筑物和其他陆标，还有日光和月光资料、海滩坡度曲线图、近海水流资料和潮汐曲线图，每份都添印上各登陆地段名称与界线。

此外，在实际突击开始前，盟军最高统帅部的作战部门和第21集团军群的司令部转移到了英国南岸的海港城市朴次茅斯，海军也在那里设立了联络机构。为了对付德军可能的轰炸，艾森豪威尔的参谋部设在了朴次茅斯郊区的一片森林里，他的帐篷和车辆都巧妙地隐蔽在树林中。

No.3 抉择

当登陆作战的准备工作行将结束，盟军最高统帅的参谋部已经转移到朴次茅斯时，对于同盟国远征军最高统帅艾森豪威尔将军来说，最棘手的问题之一莫过于选择最后登陆的日期（"D 日"）和时间（"H 时"）了。

围绕登陆日期"D 日"和时间"H 时"，盟军三军曾展开过长期激烈的争论。

陆军一直坚持，为保持登陆的突然性和上岸后的作战，最重要的是登陆兵第一梯队必须在黑暗中渡过英吉利海峡，在白天上陆。而该地黑暗时间不长，因为在那个纬度上，6 月份 3 时天就发亮，4 时 30 分就大亮了。

就具体"H 时"而言，陆军认为要认真考虑潮汐这个特殊的因素。在诺曼底这一段海岸，平均潮差 5.4 米，最大潮差 7.5 米，海滩的坡度很小，每 30 米才升高 30 厘米，低潮时滩头纵深长达 300 多米。在这种情况下，陆军希望第一梯队在快到高潮时上陆，以缩短部队通过暴露的海滩所需要的时间，并能在"D 日"第二次高潮时使第二梯队也顺利上陆。

与此相反，海军却赞成在低潮时登陆，因为此时舰艇可以在抗登陆障碍区以外抢滩，而海军工兵爆破队可在高潮到来之前排除抗登陆障碍物。

空军只提出一个条件，登陆当夜必须有良好的月光以便空降作战。

三方各执己见。

为了最后确定"D 日"和"H 时"，盟军最高统帅部于 1944 年 5 月 1 日召开会议。

经过几天的争论，通过了一个折中方案，决定"H 时"应在最低潮之后 1~3 小时，在日出之前 12 分钟到日出之后 90 分钟之间，即恰好在高潮与低潮中间上陆。

最后决定：由于 5 个登陆地段的潮汐情况各不相同，因此，分别规定了 5 个不同的"H 时"，最早的"H 时"（6 时 30 分）和最晚的"H 时"（7 时 55 分）之间相差 85 分钟。除了满足部队对潮汐和日光的要求外，计划人员还查阅了天候年鉴，找出有利于飞行员飞行的月光日期，以便把"D 日"安排在有满月的日子。

这样，在 1944 年 6 月上旬，基本符合三军要求、唯一能够利用的日子只有 5、6、7 日三天。

5 月 23 日，艾森豪威尔考虑到进一步确定"D 日"的日期已刻不容缓，因为用以构筑"醋栗树"防波堤的船只到达登陆地域需要 6 天。

于是，他把 6 月 5 日暂定为"D 日"，并把 6 日和 7 日作为天气不好需要推迟时的替换日期。这三个日子和预定的"H 时"十分机密，直到 5 月 28 日，当盟军海军司令拉姆齐将军发出"执行'霸王'作战"的信号时，才将"D 日"和各登陆编队的不同的"H 时"通知各指挥官。

▲ 位于朴茨茅斯的南威尔士宫，盟军三军高级将领们讨论是否在恶劣天气情况下采取军事行动。

No.4 上弦

实施登陆作战的准备一切就绪，287 万将士只等着"D 日"的到来。

然而，天有不测风云。

在临近关键的预定登陆日期——6 月 5 日时，天公不作美，大雨倾盆，狂风大作。从 6 月 1 日开始，大西洋上空大气扰动正在形成，几个低压槽正向纽芬兰和爱尔兰之间接近，这预示着英吉利海峡将出现一段较长时间的恶劣天气，天气的变化使艾森豪威尔焦急万分。往年春季，英国只下蒙蒙细雨，但是今年，狂风裹着暴雨，席卷着整个英格兰。在波特斯摩斯附近的南威克庄园里搭起的、作为反攻行动指挥部的军用帐篷，在如此恶劣的气候条件下，随时有倾倒的危险。停在树丛和伪装物掩蔽下的艾森豪威尔的指挥拖车也被大风掀倒了，浸泡在泥水中⋯⋯

从 6 月 1 日起，艾森豪威尔每天两次同高级将领们一起听取天气预报，一次是晚上 9 时 30 分，另一次是早晨 4 时。会议是在朴次茅斯附近的索思威克大楼的食堂举行。这是个很大的房间，室内有一张桌子和许多椅子，三面排列着高大的书柜，另一面墙上分成上下几排，挂着一张张气象形势图。

气象委员会成员有英国人，也有美国人。他们的领导是斯塔格空军上校，这是一位性格倔强、行动机灵、作风谨慎的苏格兰人。

在这些听取会上，通常先由气象专家们介绍气象发展的动态，然后是专家们与司令官们的热烈讨论。讨论是非常严肃的，每一点迹象都被认真地提出来，由专家周密地分析，再由司令官仔细研究。

可是，随着关键时期的来临，英吉利海峡的天气却一天比一天更令人担心，因为出现适宜天气的希望越来越小了。

6月2日，整个北大西洋上空充满着连续性的低压气层，前景暗淡。

6月3日，出现西风带不稳定天气，在格陵兰岛和亚速尔群岛的上空各有一个高气压，而位于两个高气压之间的低气压向东及东北方向横越大西洋，风和海浪情况很可能使6月5日不能成为"D日"。

6月4日，天气仍不见好转，预报说云层低，风大，波涛汹涌。这些情况预示着登陆是极其危险的。因为在这样的天气，空中支援是不可能的，海军的炮火也将失效，甚至连驾驶小艇也是异常困难的""

这一天对于挤在小小的登陆艇上挨雨淋的士兵来说，是难受的一天，而对守在岸上的高级指挥官们来说，则是最忧虑的一天。高级将领们为天气发愁，艾森豪威尔更担心推迟行动会带来巨大的不利。

几天前整个英国曾经到处都是盟军士兵，白天他们带着武器和野战装备在乡村大路上行军，夜间乘坐装甲车通过灯火管制的城镇和村庄，无数纵队向着港口集中。如今他们都登上各自的舰船，在狭小的船舱中一个挨一个地坐着，等待着起航。与此同时，用作"醋栗树"的船只也开始向南移动。另外，3个师的伞兵们在20个机场集结，等待随时登上了运输机和滑翔机飞向诺曼底""

真可谓刀出鞘，箭上弦了！

此刻，这支强大军队犹如一根上紧了的卷曲发条，一条由人构成的卷曲的巨大发条，一旦发挥能量的时刻到来，它将以空前宏伟的两栖突击跃过英吉利海峡！

而如果一再推迟行动的日期，这根巨大的发条就会错位，积存的能量也会迅速消耗掉。那么，不但近半年多为此次登陆而做的准备前功尽弃，而且整个进攻欧洲的计划也可能全部告吹。

多么该死的天气！

艾森豪威尔在权衡了所有因素之后，决定把原定于6月5日发动的进攻推迟。

6月5日凌晨，刮起了飓风，把艾森豪威尔营地的帐篷吹得东摇西晃，随之而来的是铺天盖地的滂沱大雨。

艾森豪威尔及其随员们在泥泞道上走了近2公里，于3时30分准时来到海军司令部参加气象汇报会。

汇报会一开始的气氛十分沉闷，每个军官的脸上都很忧郁。

气象委员会主任缓慢而认真地报告说："前一天预报的法国海岸的恶劣天气已经在那里实际出现，如果我们坚持要在 6 月 5 实行登陆，肯定会遭到巨大灾难。"

气象主任首先报告这一点，可能是想使在座的将军们更加相信他们的气象预告是十分准确的。他接着说："预报到 6 月 5 日 18 时，有两个低压系统将要在赫布里底群岛附近合并成一个低气压，在这个气象图上标号为 D1。"

气象主任一边说着，一边指了指挂在中央的一幅气象图，接着说："在未来 24 小时内 D1 将被填塞，英吉利海峡中的风力将减弱到 4 级，云量也将减少。"

"从 6 月 6 日早晨开始，将会有两天的好天气，5 级西到西北风将逐渐减弱并转为西南风，最低云层高 300 米，浪高 6 米。在这样气象条件下，运载空降兵的飞机将不会出现混乱，舰船在海上保持航向虽然有点困难，但对其作战行动影响不大。登陆区域内海浪较低，拍岸浪也较少，可以实施强登陆……"

听到这个消息，在座的将军们个个喜出望外。

气象主任并不为将军们的欣喜所鼓动，他仍然不紧不慢地说："两天之后可能还会出现狂风暴雨，暴风雨会持续多久，现在从气象图上还不能肯定……"

这一预报使刚刚活跃了的会议，又一下子变得沉闷起来。

究竟是冒险于 6 月 6 日行动，还是再将进攻延期至少两周呢？这一生死攸关的抉择摆在了艾森豪威尔将军的面前。

艾森豪威尔权衡再三。作为一个军事家，艾森豪威尔深知战场上必需的冒险行动是多么的重要，也深信他此次为登陆而做的呕心沥血的准备是多么的充分。他有理由坚信，此次他在充分准备基础上的冒险是值得的，于是他最后决定：只要明天的天气情况得到进一步证实，就立即开始行动。

海军司令拉姆齐将军敏锐地感觉到，这次最高司令的决定是肯定的了，于是他发出了必要的命令，最后确定了第一波登陆时间，即"H 时"：

剑区和黄金区	7 时 25 分；
朱诺左区／朱诺右区	7 时 35 分／7 时 45 分；
奥马哈区和犹他区	6 时 30 分。

随即，艾森豪威尔再次征求各位指挥官的意见，蒙哥马利与以往一样，亟待发起进攻，海军司令拉姆齐表示同意，空军司令利·马洛里却忧心忡忡，他担心这样的天气空军不能出动，即使出动，也不能准确实施轰炸，但是最后他还是同意了。

　　听完了在座的将军们的意见，艾森豪威尔独自默默地坐在大书柜前面的沙发上，沉思片刻。最后，他举目仰视作出了成败在此一举的决定，斩钉截铁地说："好！我们进军！"

　　此时，正是 6 月 5 日 4 时 15 分。

　　命令一发出，所有的人都跑出屋忙自己的事了，房间里只剩下艾森豪威尔将军一人。他独自默默地坐在大书柜前面的沙发上，沉思许久，然后，轻轻走到桌子前细心地用铅笔写下几行字。他深知，如果盟军登陆作战进攻不利，他就会忙得一塌糊涂，那时他将腾不出手来写任何东西。他此刻应该起草一份公报，以备发表。

　　他写到"我们在瑟堡——勒阿弗尔地区的登陆失利，没能占领一个令人满意的立足点，部队被迫撤退"。艾森豪威尔舔了舔铅笔，划掉了最后几个字，然后补上："我们把部队撤了下来。"他继续写到："我决定在此时此地发动进攻，是根据所得到的最好情报作出的。陆军、空军和海军都恪尽职守，表现出极为勇敢的献身精神。如果谴责此次行动或追究责任的话，应由我一人承担。"然后，他郑重地签上了自己的名字。

　　天知道，艾森豪威尔作出了一个多么困难的决定。

　　英国首相丘吉尔在战后的回忆录上，是这样评价艾森豪威尔所作的这个决定的："回顾这个决定，确实令人钦佩。事态的发展充分地证明了它的正确性，而且我们所以能够获得可贵的出奇制胜的机会，也多半归功于它。"

▼ 艾森豪威尔与属下在司令部交谈。

第七章

大军出征

德军西线总司令部。来自西线海军和空军的报告源源不断地传
到巴黎，说在诺曼底空降的伞兵中有稻草人、木头人、橡皮人。这
使伦德施泰特产生了怀疑，认为在诺曼底空降伞兵不过是盟军声东
击西的欺骗行动，大规模进攻可能仍在加莱附近。但很快，海岸雷
达站又报来新情况，说是"荧光屏上有大量的黑点"，它们很可能
是一支正在驶向诺曼底海岸的庞大舰队。然而，伦德施泰特的参谋
长布卢门特里特的反应却是："什么？在这样的天气？一定是你们
的雷达员搞错了。也许是一群海鸥吧？"

No.1 舰船争渡

盟军在海面、电磁空间和空中同时向德军发动了强大的攻势。

海面上成百上千艘战舰冲破重重的迷雾，从英格兰南部的各港口出发，先驶向怀特岛南面代号为"皮卡迪利广场"的海域，在那里依据登陆的5个海滩编成5个登陆突击编队。

每个突击编队又有自己的5条航道，所有的舰船沿着各自的航道向诺曼底半岛前进。它们排列着整齐的队形在波涛汹涌的海中急驶，横排达32公里宽！

参加诺曼底登陆的战舰有：英国和加拿大军舰共143艘，其中战列舰4艘、巡洋舰21艘、驱逐舰116艘和低舷重炮舰2艘；美国军舰共46艘，其中战列舰3艘、巡洋舰3艘和驱逐舰40艘；其他盟国的巡洋舰3艘和驱逐舰8艘。这里不包括数量庞大的各型输送船只和保障船只。

行驶在最前面的当然是扫雷舰艇。

在整个舰队出发前夕，为了保证严密的协同作战和准确的时间选择，盟军海军司令拉姆齐海军上将亲自指挥东部和西部两个特混舰队的第一阶段扫雷。

为了防止德国空军飞机和海军E级艇可能布设的大量延期水雷造成的危害，盟军对海峡中英国沿岸的航道进行了清扫，对从怀特岛经过海峡中心线直到登陆地域的换乘区各航道也进行了清扫。

5月31日夜间至6月1日凌晨，盟军布设了10个水下音响浮标，以便为每航道扫雷时提供准确的起点。5个登陆编队各分配到两条相邻的宽约370米的航道，每条航道都设置了灯标标志，各灯标的间隔约为2公里。这些灯标是紧跟在扫雷舰艇后面的英国海军巡逻艇布设的。

进行这一庞大的扫雷工作，需要同时出动245艘舰艇，还要有10艘备用，以防意外。

风仍然刮得很猛，离岸越远，海浪越大。

此刻，成千上万的盟军战士正紧张地蹲在一艘艘战舰里，在起伏不定的海面上，上上下下颠簸着。那些晕船的战士，只好取下钢盔接着吐出来的秽物。

出发时每一个士兵都得到了一份由欧洲战场盟军最高司令艾森豪威尔将军亲自签发的进军书：

盟国远征军的陆、海、空三军将士们！

你们就要出发去参加为之奋斗了许多个月的"伟大的十字远征"。全世界都在注视着你们。全世界热爱自由的人们，时刻期望着你们，并不断地为你们祈祷。你们同其他战线上的英勇盟军和战友一起，一定会摧毁德国战争机器，消灭纳粹对欧洲被压迫人民的残酷统治，保障我们自由世界的安全。

　　你们的任务不是轻而易举的，你们的敌人训练有素，装备精良，作战顽强，他们将会殊死搏斗。

　　但今年是 1944 年了！自从纳粹在 1940 ‾ 1941 年获得胜利以来，形势已经大变。盟军奋不顾身、英勇作战，已使德军遭到惨重失败。我们的空中攻势大大削弱了敌人的空军力量和地面作战能力。我们的国内战线，在武器和弹药方面给我们提供了绝对的军事优势，并给我们准备了可以随意使用的大量受过训练的后备部队。潮流已经改变了！全世界自由的人们正在共同走向胜利！

　　我对你们的勇敢精神、忠于职守和作战技能深信不疑。我们必将赢得完全胜利！

　　祝你们平安！让我们大家恳求全能的上帝为这个伟大而光荣的事业祝福吧！

　　尽管海上的条件十分恶劣，但是，将士们仍坚定地从这里出发走向战场，去面对德军海岸上钢筋混凝土工事中的巨大加农炮，去面对他们将要战而胜之的德国庞大的坦克部队。

　　的确，就在今天，盟军为反抗德国法西斯、解放欧洲大陆，翻开了辉煌的一页。

整个人类期盼已久的大反攻终于开始了！

6月5日夜间至6日凌晨，德军E级艇没有进行例行巡逻，因为德国西线舰队司令克朗克海军上将认为天气无论对他们还是对盟军都特别不好，那天的海潮"不适合"登陆。

在盟军发动诺曼底反攻的夜里，盟军空军散发了四处飘散的、人们称之为"金属干扰带"的锡箔片，造成一支舰队正在第厄普附近海面向东驶去的假象，使德国人所剩无几的几处海岸雷达站受骗上了当。

盟军小型舰只也同时向布伦、第昂蒂费尔角和巴夫勒尔进行了三次强烈的电子干扰，给德军雷达造成一种错觉，好像大批部队正在向上述地区进发。这些佯攻手段非常成功，使盟军的第一批登陆编队向敌岸前进了很远之后，敌人才弄清了它们的编成。

为了盟军即将在德军认为不宜于进行大规模两栖作战的诺曼底半岛登陆，盟军的佯动计划真可谓下足了功夫。

◀随军牧师带领盟军官兵祷告。　　▼盟军第一波 150,000 人的登陆部队搭乘 4,000 艘舰艇出发。

No.2 雷达干扰与空降突袭

雷达是第二次世界大战初期出现的新"玩意儿"。

到"霸王"战役发动时，盟军对其的运用已经"炉火纯青"了。

这是世界战争史上，第一次有目的运用科技手段进行的大规模"电子战"。

为早日发现盟军进攻欧洲大陆的大规模军事行动，及时给防御的德军提供情报，德军在建设"大西洋壁垒"的同时，还建立了一套能覆盖整个从挪威到西班牙海岸线的雷达网。在预计盟军登陆的重点地段法国西北部，雷达站高度密集，几乎每隔十几公里就有一个大型海岸雷达站，它们还与设在内地的雷达站互相联网。这些雷达站均属德国空军，主要探测盟军的飞机活动情况，纳入防灾体系中。

德国海军为专门对付盟军舰艇和海上登陆，还在法国西北部专门建立了许多探测距离为 50 公里左右的对海雷达站。有了它，英吉利海峡盟军舰船的活动情况尽收眼底。

盟军对德国雷达站的情况一清二楚，为此制订了周密计划，并成为"刚毅"计划的一部分。

按此计划，在诺曼底登陆日前一周，盟军出动空军对德国海军的 10 个雷达站进行了系统精确攻击，全部炸毁，让其不起作用。其余的暂不做处理，让其工作。

6 月 5 日深夜，盟军实施第二步行动，有选择地留下几个雷达站后，对其余的实行干扰。留下的几个不受干扰的雷达站全在塞纳河以北，是德军 15 集团军防区。其目的是让这些雷达站能探测到盟军由 12 艘带有防空气球的摩托艇模拟的假登陆舰队。其中 8 艘摩托艇活动在加莱对面离岸 14 海里的洋面上，其余 4 艘则在巴夫勒尔角以东 6 海里的洋面上游动。

为配合摩托艇造假信息活动，盟军还出动了 100 余架飞机，进行支援。这些飞机在海峡上空不停地转圈飞行，每转一圈便投下一批叫做"窗子"的金属铂制造的干扰包，每转一圈便调整一次飞行轨迹，使其在雷达屏幕上产生出类似大批舰队一步步靠近海岸的图像。

同样的手段，也使用在远离诺曼底的布洛涅地区。

奇迹发生了。

当盟军大批舰队在 6 月 6 日 1 时到 4 时向海滩接近时，海面上没有一架德军飞机；当盟军空降兵部队于当时凌晨越过诺曼底进入预定空降地点时，德军也没有一架飞机起飞拦截。原来，盟军让其工作的德军 9 个雷达站所报告的假情况，已把德军能作战的飞机都吸引过去了。

盟军空军的另一项欺敌活动也大奏其效。

这个任务是由 8 个空降兵做的。在盟军大批空降兵进入法国之前，最先进入法国的是几架带有 200 名假伞兵的运输机，这些假伞兵比真人小一些，全由橡胶做成。

6月6日零时十一分，8名真伞兵分成两组，每组4人，先后降落，随后200名假伞兵也从天而降。假伞兵离机开伞后，所带的假手榴弹落地爆炸，这些假伞兵身上也装爆竹引线，落地时引线被触发发生爆炸，而且此起彼伏，络绎不绝。

与其同时，已先着陆的两组真伞兵，也打开各种电子设备，播放出了先录制好的枪声和炮声，部队运动的脚步声，士兵的咒骂声和指挥官下达命令的声音。估计声势造得差不多了，这些伞兵开始转移，再制造另一场假象。

空投假伞兵的范围很广，德军B集团军的防线上，到处都有发现"盟军伞兵"的报告，B集团军司令部和西线德军司令部的地图上也布满了伞兵标记，很长时间辨别不清事情的真相。而且部下一会儿一个电话，一会儿一个报告，电话与报告往往互相矛盾，各级司令部不知所云，整个夜间，德军对情况一直不明。

最有决定权，也最紧张的是B集团军司令部。整个法国海岸都归他们防御，可此刻拿主意的人还在赫尔林根。在集团军参谋长的主持下，幕僚们盯着地图上发现伞兵的地点，看着雷达站送来的盟军舰队正在逼近加莱的报告，拼命地研究判断着。这是大规模登陆作战吗？其目标是诺曼底，还是加莱？是真进攻，还是佯动作战呢？幕僚们经过一番争论，得到的结论是：比讨论研究之前更加糊涂。所以，当西线总司令部的助理情报组长戴尔丁巴哈少校向B集团军要前方情报时，所得到的回答是："参谋长认为局势平静，前述报告所指的空降部队，可能是轰炸机上的跳伞人员。"

事实上，真的空降兵已经到了，世纪性的诺曼底之战就要打响了。苏联人从1941年就提出要求，美国人奔波两年，英国人长期拖延但终将进行的"霸王"行动揭幕了。

月光透过翻卷的云雾直泻大地，显得分外清晰。

英国某空军基地上，飞机发动机喷出强劲的气流，发出巨大的吼声，淹没了阵阵风声。

一架C-47型运输机腾空而起，在地面投下了一个巨大的阴影。抬眼望去，银灰色的机体散射着皎皎月光，显得分外夺目，这是一架导航机。很快，第一梯队，第二梯队，第三梯队……随之而上，编队飞上天空。

6月5日22时15分，C-47型运输机开始从英格兰西部地区的25个机场起飞，20架导航飞机比它们提前半小时飞到6个空降地区。

这些C-47型运输机，如同一群群遮天蔽日的飞鸟从空中掠过，不时地把月光遮住，更多的机群也将在不久的时刻起航。这是一个令人震惊的场面，世界历史上最大的一次空降作战开始了。

▲1944 年 6 月 6 日，艾森豪威尔接见美国第 101 空降师的官兵。

▶盟军伞兵正在进行战前动员。

英军第 6 空降师、美军第 82 和第 101 空降师的全体将士，全副武装，并把脸膛涂成黑色，正乘坐 1,100 架飞机飞向法国海岸防线的腹地。他们要在那里实施空降，并且要比大规模的登陆主力部队提前若干个小时向德军发起进攻，攻占登陆场的重要目标，并阻击德军增援的装甲部队，以保卫正面登陆的成功。

6 月 6 日破晓，天色阴晦，狂风呼啸……

美国中型轰炸机和战斗轰炸机连续猛烈轰炸德军在诺曼底的阵地。

从午夜到凌晨 3 时，英军 1 个空降师和美军 2 个空降师分别在诺曼底半岛上，德军"大西洋壁垒"后面陆续降落。

与此同时，盟军的许多轰炸机飞到加莱地区，在鲁昂和阿夫兰彻斯地区附近上空投下了大量的铝箔纸迷惑敌人，使德国人误认为是盟军的伞兵部队。德国防空雷达发现这些目标后，错误地判断加莱是盟军发起主要攻击的区域。

在科坦丁半岛北部的瑟堡周围都是丘陵地，但在"犹他"海滩的背后，丘陵变成了低平的牧场和由树篱或土堤分隔的小块土地。半岛的颈部被沼泽、河流和水渠几乎分成两半，这是拿破仑想出来的，起码在某种程度上可以起到防御的作用。杜夫河和梅尔德里特河流入卡朗坦河，卡朗坦河又在"犹他"与"奥马哈"之间流入塞纳湾。德军为了防止盟军可能空降和穿插，他们放水将这些低地完全淹没，形成了一道又长又宽的残水屏障，迫使半岛底部的全部南北交通只能通过严格限定的 3 条路线。

在"犹他"海滩的背后，德军已把深入内地约 3.5 公里的牧场淹没，但是仍有 9 条堤

道穿过牧场，把海滩通路同最近的一条南北公路连接起来。美军能否及时控制这些堤道，是保障部队展开的关键。否则登陆部队可能被困在海滩上，不能通过泛区，将成为德国炮兵的射击目标。

鉴于此，两个美军空降师被派去支援第 7 军，计划在"D 日 H 时"之前 5 小时空投到内陆。美国泰勒少将指挥的空降第 101 师在圣梅尔－埃格利斯东南空降，占领海滩堤道的终点，并封锁在卡朗坦附近通往半岛的陆上通路。第 82 师在圣梅尔－埃格利斯以西的梅尔德里特河两岸着陆，夺取这个位于交叉路口的村庄，并阻击敌可能来自西北方向的反击。

德国人设置了由"隆美尔芦笋"构成的反空降障碍物，这种障碍物是在木杆上拉起有刺的铁丝网并敷设了地雷。但是，大部分障碍却设置在没有伞兵着陆的地区，因为德国人估计同盟国军队会在更远一些的内陆空降。当最后证实同盟国军队在德军驻地与海滩之间空降时，德国人简直不知所措。

美军大规模的空投进行得不太顺利，敌方高射炮火密集而猛烈，许多飞机驾驶员不得不在高空快速盘旋，以致伞兵部队无法准确跳伞。

一队队伞兵在漆黑的夜晚从空中降落下来。此时，这些伞兵显然不像他们臂章上绣饰的那些呼啸威武的雄鹰，倒更像一群挂在细线上的毛虫，他们落地后才发现没有投到预订地点。紧张严肃的战士们紧握自动步枪，拿着匕首，准备割断身上的吊伞索。

空投下来的美国第 101 空降师由伞降步兵第 501、502、506 团组成。部队在黑暗中着陆，分散在一块长 25 海里、宽 15 海里的地区内。黎明时，该师 6,600 名战斗人员中，有的降落在果树园里，有的降落在小块田地上和高高的树管内，部队拉得很散。还有些人落入德国人放水淹没的牧场上，不少人由于背负着沉重的武器装备，被水淹死了，还有不少幸存者在敌人猛烈的扫射下丧生，剩下活着的人勉强地爬上陆地后，立即组织起来，在黑暗中用口哨发出蟋蟀的叫声来彼此联系。但是，德国人已经识破了他们相互联络的办法，并且用缴获的口哨，把不少第101空降部队的士兵们引过去一举歼灭。

幸运的是，这一带乡间德军并未设下重兵。美军士兵有时间相互寻找，开始往往是个人单独行动，后来逐渐结成了小队和班，陆续赶往指定地点集合。天亮时，他们已集结了足够的力量，控制住"犹他"滩各堤道的西面出口。然而在南面，他们却未能摧毁杜弗河和卡朗坦运河上的桥梁。

直到"D日"中午，501团团长才集合起200名官兵，去完成占领或摧毁卡朗坦西北杜夫河上两座桥梁的任务。海军舰炮火力岸上控制组和该团团长呼唤重巡洋舰用203毫米火炮射击正阻碍空降兵前进的敌军阵地。这样的例子，即海军对空降部队进行支援，还是罕见的。

第502团的任务是占领3号、4号通路的终端，构筑环形防御阵地，并向西同第82师会合。该团大部分部队没有在指定的空降地区着陆，分布得很散，但是营长们尽量把人们集合起来向指定的目标前进。很快，一个15人的小组攻占了梅西埃雷斯村并俘虏了150名德军。第3营营长率领约75名士兵向海滩通路推进，于7时30分顺利地到达了通路。午后不久，该营与正向内陆运动的第4师的登陆部队会合。

第506团的任务是占领靠近"犹他"海滩的泛区后的干地，并掩护正在登陆的第7军的左翼。该团着陆得特别分散，但是到6月6日4时30分，已有两个营的部分兵力向通路运动。中午，第3营攻占了波佩村。不久，空降部队同已在"犹他"海滩最南端上陆的登陆部队取得联系。第2营也遇到了激烈的抵抗。13时30分，该营的一个连到达海滩2号通路，为第4师的部队和坦克使用该通路扫清了障碍。

空降非常分散，有几批伞兵距离规定的伞降点远达40公里。盟军损失了大约60%的装备，集结部队也十分困难，但是散布面过广却有助于迷惑敌人。

空降第82师由伞降步兵第505、507、508团组成，在德军第91师集结区的边缘着陆，经历了与第101师同样激烈的战斗，只有一部分到达目的地。

4时30分，第505团的一个营占领了位于交叉路口的要地圣梅尔-埃格利斯村，而且成功地击退了德军猛烈的反击。另一个营夺取了梅尔德里特河上的两座桥梁。其他两个团着陆后分布得很散。"D日"日终时，空降第82师的大部分已位于圣梅尔-埃格利斯村的附近和周围，并控制了瑟堡－卡朗坦公路干线。这样，就可以把德军第 91 师全部人马拖住在原地。为了抗击敌军来自三个方向的攻击，有 156 人阵亡，347 人负伤，756 人失踪。

美军用滑翔机运送后续部队未获成功，运送第 101 师后续部队的 51 架滑翔机在试图向诺曼底小块土地着陆过程中，人员伤亡和滑翔机损失都很大。第二梯队在黄昏时到达，着陆更不顺利。第 82 师同样损失了许多部队，损坏了许多滑翔机。

英军第 6 空降师降落在盟军反攻战线东翼冈城东面一带，某空降部队的目标是夺取从冈城到海滨这一段奥恩河两岸的重要桥头堡。

在空投过程中，虽然由于风力太大的影响，许多伞兵落到了空投区的东面，但是英军各主要伞兵旅所发动的空降突击，仍取得了出奇制胜的圆满效果。他们把德军从奥恩河和运河桥梁附近的朗维尔村赶了出去，并为载有反坦克炮的滑翔机拿下了主要着陆区。所有桥梁，除一座外，均被突击部队迅速占领，并加以炸毁。

与此同时，150 名英国伞兵对梅维尔附近一座控制着剑海滩的海岸炮台发动猛攻。他们和周围防御工事内的 180 名德军守兵展开了一场肉搏战，尽管他们有一半人伤亡，但最终还是摧毁了敌人的炮台。

虽然伞兵没有立即实现控制登陆地段后面地区的企图，但是却在内陆占领了大约 12 公里的地段，吸引了敌人的第一批反击兵力。并且由于伞兵的英勇奋战，使这个地区成为诺曼底 5 个主要登陆地段中最易攻克的地方。

▼ 盟军伞兵被空投到诺曼底，天空中飘着朵朵伞花。

No.3 不在前线的隆美尔

德军虽然早知道反攻迫在眉睫，但事到临头还是猝不及防。

其实，狂风大作的恶劣天气，对盟军的隐蔽来说反倒成了件好事。德军三位高级将领，满以为在这种海水猛涨、恶浪翻腾的时刻，盟军绝不可能实施登陆，因而离开了司令部。包括负责指挥从斯堪的纳维亚到西班牙沿线的所有守军的陆军元帅埃尔温·隆美尔，此时为了祝贺夫人的生日，正坐着奔驰汽车在前往德国的公路上。

只有西线总司令伦德施泰特和西线装甲集团军司令盖尔·冯·施韦彭堡将军坚守岗位，而他们两人均受到上级的掣肘。不经最高统帅部特许，伦德施泰特不得擅自动用战略预备队，而施韦彭堡则无直接指挥战斗之权。

6月6日凌晨1时，德军第21装甲师师长福伊希廷格尔少将向隆美尔的B集团军司令部报告：盟军伞兵正在特罗阿尔恩附近着陆。可是他并没有得到从坦克集中地法莱兹出动坦克作战的命令，福伊希廷格尔所能办到的只是根据标准作战规定，派出最前沿的2个步兵营去对付盟军空降部队。

凌晨2时45分，伦德施泰特在司令部接到报告说："科场坦半岛东海岸外传来阵阵引擎声。"这是有关盟军从海路登陆的另一个信息，很快德军第84军全部处于戒备状态。

但是，上级作出的反应却是："西线总司令并不认为这是一次大规模行动。"德国人确信，只要盟军试图发动入侵，他们的雷达站必然会事先发出警报，但事实上，未被摧毁的少数几个雷达站几乎全都受到了严重干扰。而当德军开始察觉到盟军反攻部队的行踪时，盟军部队已在离海岸12海里处上了登陆艇。

直到上午6时半左右，B集团军司令部才获准出动装甲部队。当时由于轰炸，通讯暂时中断，这样又过了2个小时，福伊希廷格尔才接到率师出击的命令。在此期间，福伊希廷格尔曾自作主张地派遣了包括由坦克组成的战斗群去袭击盟军伞兵部队。

6月6日凌晨的几小时内，德军统帅部乱作一团。西线总司令伦德施泰特的参谋长十万火急地请求希特勒，批准他们出动党卫队第21装甲师和勒尔装甲师去对付盟军的空降行动。

然而，希特勒直到上午很晚的时候才得到盟军反攻的消息，因为那时他正在睡觉。

希特勒和丘吉尔一样，有一个熬夜的习惯。这一习惯把他的下属累坏了，他们不得不睡得很少。这一天，希特勒的总参谋长约德尔不愿意打扰希特勒上午的睡眠，就没敢叫醒他，以至于西线总司令伦德施泰特关于盟军已经在诺曼底登陆的报告和调用后备部队的要求，被耽误了。

下午，希特勒得到了报告，但是，希特勒却命令，在白天侦察弄清形势之前，禁止动

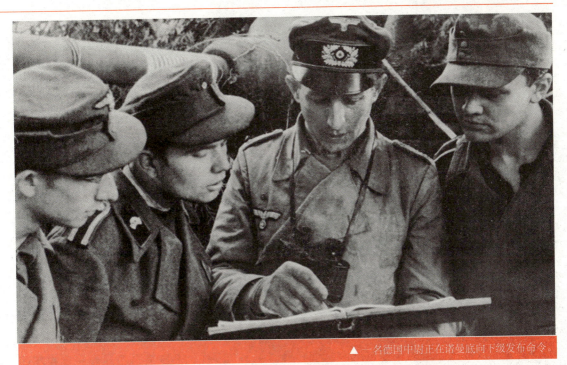

用这两支战略预备队。他认为，盟军对诺曼底的空降袭击，只不过是牵制德方后备兵力的佯攻，而主要的海上入侵将在塞纳河以北一带发起。

不仅希特勒本人，而且德军最高统帅部和隆美尔司令部，也都持有这种看法。甚至在盟军战舰众炮齐轰诺曼底海岸的时候，他们还是固执己见。

由于德国人在这种突然袭击面前被吓得惊惶失措、混乱不堪，所以绝大多数盟军空降兵没有遭到猛烈的进攻。法国地下抵抗组织的战士们也纷纷地从隐藏的地方冲出来，把诺曼底一带所有的电话线统统剪断，使得驻守德军孤立无援，无法聚集他们的装甲部队迅速进行抵抗。

"西红柿该摘了。"

"苏伊士运河的天气很热。"

"骰子放在桌子上。"英国广播公司正在广播。但是这些短语呼号，都是由标准的法语广播的。因为英国广播公司经常用这些秘密呼号与法国地下抵抗组织联系，现在即便德国监听站收听到这些呼号也不会引起多大的怀疑。

但是，盟军总反攻攻势开始之后，英国广播公司的一句呼号引起了德国人的注意。这句呼号引用了维尔廉《秋赋》中第二行的一句诗，"阴郁沉闷刺透我们的胸膛。"

不久，这种法语不再使用暗语了。

"英国广播公司，现在，我们向各位听众发布一条新闻。"

"这里是伦敦英国广播公司对外广播电台，现在向法兰西人民播音。"

接着，收音机里传出一位女播音员的声音。"这里是伦敦英国广播公司电台，法国公民们，现在请戴高乐将军讲话……"

夏尔·戴高乐将军是法国著名的反法西斯将领、抵抗运动领袖。巴黎沦陷后，他一直在英国组织"自由法国"抵抗运动。

在今天这个特殊的日子，他那庄严的声调、炽热的激情，通过无线电波在欧洲大地回荡着。毫无疑问，遍布法兰西各地的所有地下抵抗组织的秘密司令部都可以通过耳机听到这飞越英吉利海峡的声音。

"法兰西人民，一场伟大而神圣的战役开始了！"

这是在号召法国人民行动起来，拿起武器，帮助那些正冒着纳粹敌人的枪林弹雨，登陆和空降在法国参加大反攻战役的盟军部队。他号召法兰西人民不惜一切代价，在这个最残酷战争的最关键时刻，和他们憎恨的普鲁士邻国进行殊死拼杀。

"打倒德国鬼子，法兰西万岁！"戴高乐高声呼喊着，呼吁法兰西人民从惨重失败的灰烬中重新振作起法兰西精神，动员起所有的地下武装力量，狠狠打击无情的敌人。

No.4 好戏开场

登陆前火力准备的空中轰炸，早已于午夜开始。

黑暗的天空中不时传来重型轰炸机大编队的引擎声，这声音低沉而又有力，仿佛要把整个天空连同德军地面防御设施一起震碎不可。

不一会，引擎声被飞机的俯冲呼啸声和炸弹的爆炸声所掩盖，黎明前灰暗的大地上不时发出炸弹爆炸的闪光。

按照战前的火力准备协同计划，空中轰炸首先实施。成百上千架重型轰炸机和中型轰炸机首先对经过选择的德军岸炮阵地进行攻击。在5时前这段时间内，英军的1,056架重型轰炸机对德军10个最重要的海岸炮连，以及登陆附近的通信设施倾注了5,000多吨炸弹，德军在滩头上的海岸炮阵地纷纷中弹起火。

紧接着，美军第8和第9航空队的1,630架"解放者"式、"堡垒"式等轰炸机对德军防御工事实施了猛烈的空中攻击。这些飞机向海滩防御设施倾注了4,200吨炸弹。

轰炸一直到部队开始抢滩登陆前10分钟。

火力支援舰只于1时40分就进入了指定的航道抛锚。

空军的轰炸机刚一完成任务退出，海面上各种火力支援舰炮口就喷射出一道道耀眼的火光。成吨的炮弹犹如倾盆大雨，在纳粹自诩为"大西洋壁垒"的海防要塞上开了花。

各型登陆艇刚一到达指定位置，火力支援舰就立即向德军岸上实施火箭齐射。

如此周密而协调的火力支援，在以往的登陆作战中还从未有过。

5时50分，德军一个尚没被摧毁的岸炮连突然向盟军的驱逐舰"菲奇"号和"科里"号开火，2艘驱逐舰的周围顿时掀起了十多个高高的水柱。20分钟后，德军圣瓦斯特的大口径炮连，也对正在离海岸3,100米处扫雷的一艘扫雷艇进行猛烈射击。

英军的轻型巡洋舰"黑三子"号立即还击，把敌炮连的火力引向自己，使得那艘扫雷艇得以继续扫雷。

5时36分，德军的重型炮弹开始落在盟军的各重巡洋舰附近。

此时，随着各运输登陆艇的临近，盟军编队司令决定实施预定的舰炮火力准备，瞬时间各舰都向其指定的目标开火。

6时10分，支援飞机按计划开始在"U"编队与海岸之间施放烟幕，但是负责掩护"科里"号的那架飞机被德军防空炮火击中，拖着一道浓烟，坠落海中。"科里"号战舰因无烟幕掩护，成了德军几个岸炮连集中射击的目标。为躲避敌人炮火的射击，"科里"号在狭窄的水域内尽快地进行机动航行，并不停地射击。可是，没多久"科里"号碰上一枚水雷，只见"科

◀ 蹲坐在狭窄的登陆艇里的盟军士兵。

▼ 盟军飞机掩护登陆舰船编队横渡海峡。

里"号军舰的中部突然"轰"的一声燃起了大火，很快地倾斜、沉没了。

此刻，其他的扫雷舰艇正在紧张地在换乘区、上陆通道、火力支援舰只的接近航道和火力支援区内开始扫雷。

随后，登陆输送编队陆续到达指定海域，英、美军分别在离岸7海里和11海里处建立了换乘区，在灯标的指引下，沿清扫过的航道各就各位，然后陆续放下小舟，18万登陆部队已做好准备，等待着换乘时刻的到来。

换乘开始，选定为换乘区的水域位于靠海一面约10公里处，距离海滩高潮线19公里，盟军登陆兵从输送的舰船换乘到登陆用的小型冲击艇上。

只见美军运输舰在浪头高达6米的海峡波涛中抛锚。下降的铁锚链条在链管中发出震耳的嘎嘎声，然后是铁锚投入英吉利海峡黑色水面所击起的水声。

20艘悬挂于吊架上的小型登陆冲击艇中，坐满了等待登陆的士兵们。小艇离水面很高，不停地在空中晃动。忽然，舰上的扬声器不停地广播道："放艇！"于是，吊艇架的绞车嘎吱嘎吱地响了起来，小艇开始下放。

这是个紧张的时刻，看上去仿佛是海浪把小艇从军舰的两侧掀了出去。小艇在水面上漂浮不定，直到小艇的螺旋桨发挥了作用为止。这些小艇在黑暗中上上下下翻腾，里外湿个透，然后穿过一段漫长的波涛汹涌的海面，朝着预定的集结区驶去……

在盟军的"霸王"作战计划中，美军选定的登陆滩头，是沿科坦丁半岛东海岸下半段向东延伸到贝辛港以东，分别叫"犹他"滩头、"奥马哈"滩头；英军和加拿大军队选定的登陆滩头，则从贝辛港一直向东，延伸到乌伊斯特勒昂，分别叫做"金海滩"、"朱诺滩"和"剑海滩"，每条登陆线的长度均在45公里左右。

美军进击任务由奥马尔·布莱德雷中将指挥的第1集团军担任；英、加军的进击任务由迈尔斯·登普西中将指挥的第2集团军担任。整个"霸王"作战由盟军最高统帅艾森豪威尔将军委托英国陆军元帅蒙哥马利直接指挥。

登陆作战中最为激动人心的突击上陆阶段就要开始了。

第八章

决战诺曼底

　　当德军还弄不清登陆点到底是加莱还是诺曼底之时，盟军数以万计的舰艇已靠近了诺曼底，官兵们纷纷换乘小船向滩头冲去。德军密集的弹雨覆盖了整个海滩，部队找不到可以藏身的隐蔽物，只好趴在沙滩上或浅水里，无法行动，更无法还击。霎时，海滩上尸横遍地，一幅惨不忍睹的景象。"呆在这里只有死路一条，冲过海滩才能求得生存，向前冲啊！"在指挥官们的鼓舞和带领下，盟军士兵不顾枪林弹雨，向防波堤和陡壁等隐蔽物冲去。

　　战役最关键、最惨烈的时刻到来了！

No.1 登陆"犹他"滩

"犹他"滩头是美军第 4 步兵师登陆的地点。

"犹他"滩是科坦丁半岛东岸的一段长达 15 公里的海滩，海滩本身是一段坡度不大的黄沙坡，纵横着数不清的小溪。沙坡上有几道抗登陆障碍物，低潮时这些抗登陆障碍物大约有 270 ~ 360 米宽。

越过障碍物之后，就是几米的干沙滩，那里到处都是浮水、海草和贝壳。在干沙滩的后面是 90 ~ 136 米低沙丘地带，有的沙丘上长着草。

靠着沙丘对海的一面，德军筑起了一道低的混凝土壁垒。在实际登陆的部分海滩的北端，沙丘比其他地方稍高些，叫做瓦拉村，这是用离那里最近的一个内陆村庄的名字来命名的。

海滩的后面则是淹没了的牧场，向内陆延伸大约 3.2 公里。若干条堤道穿过这些泛区，它们是通过沙丘到达海滩的捷径。

为登陆需要，美军将这一长长的海滩分成 8 段，各段都以英文字母命名，每段再分成红绿两滩。但是，第一梯队实际只使用了最南端的两段。

4 时 05 分，东方天际渐渐泛出了鱼肚白。美军"贝菲尔德"号及其随行舰艇在这里抛锚，然后登陆兵进行了换乘。

整个登陆部队编为 26 个艇波，他们将在控制艇的引导下向海滩冲去。参加突击的 32 辆坦克，利用科坦丁半岛的有利地形也安全下了水，其中 28 辆完成了 2 海里的航程，与第一批突击部队一起登上滩头。

从 5 时 30 分开始，舰炮开始进行密集的火力准备，遮天盖地的炮火使登陆兵无法看清岸上的任何目标，第一波登陆艇只能靠罗经航向驶向登陆点。

实际上，即使在风平浪静的晴朗日子里，从这个换乘区向海岸方向眺望，也只能看清圣马科夫岛，而看不清海岸。甚至快到岸边时，也看不见能够帮助登陆艇艇长辨别位置的塔尖、楼房和明显的高地。

5 时 42 分，在忙于登陆的舰船中，突然听到"轰"的一声，顿时火光冲天。原来 1261 号钢壳猎潜艇触雷沉没了。15 分钟后，579 号坦克登陆艇在驶往绿滩中也触雷沉没了。

6 时 30 分即原定的"H 时"，美军第 4 师步兵们涉水 90 米后准时上陆。令他们奇怪的是，他们既没有遇到拍岸浪，也没有遭到德军的射击，他们的眼前是一片静静的沙滩。

但是美军上岸后马上发现，这里根本不是原定的登陆点，而是向南偏离了 1,800 米！

登陆部队爬上前滩，前进了 450 米，只遇到一些零星炮火的袭击，这不禁使他们又惊又喜。原来，这个滩头的后面是一片无边无际的洪水，德军一直认为盟军根本不会在这儿

发起进攻，因而，部署在这个滩头上的德国兵战斗力比较差，并不像驻守其他大部分防线的德军那样都是些坚忍顽强、训练有素的作战人员。

此时，许多德军守兵被震耳欲聋的炮击吓瘫了，一直龟缩在掩体内。

况且，这里的防御工事既少又弱，而且埋设的地雷也很少。这一意外的发现，使登陆指挥官改变了原来的决心，各突击艇波就在这里上陆。

很快，各种涂了颜色的巨大的屏幕和其他表示"T 绿滩"和"U 红滩"的标记在这里树立起来了，它们都是为了利于后续部队登陆而树立的醒目标志。

接着，突击工兵开始排除地雷和海滩上的障碍物，为蜂拥而来的后续部队扫清道路。

远处，那些坚守在大炮旁的德军，看到泡沫飞溅的碎浪中冷不防冒出了坦克，而且还喷吐着火焰和高爆炸药，不由得吓愣了。德军虽已调转炮口对准这个滩头进行轰击，但潮水般的美军登陆步兵、炮兵、坦克和军车还是不断地涌上滩头。这些部队在两栖坦克的配合下，沿着跨越洪水区的堤道迅速向前推进。有些堤道的出口处，在前一天晚上就已为盟军伞兵部队所占领。

到了傍晚，美第 4 师仅付出了 197 人的代价就已到达了卡朗坦与圣梅尔－埃克利斯之间的主要公路一线，在这里突破了希特勒的"大西洋壁垒"。

No.2 抢登"奥马哈"

"奥马哈"滩头是美军陆军第5军的第1步兵师和第29步兵师登陆的滩头，他们由美军霍尔海军少将指挥的"O"编队遣送。然而，这个滩头登陆的情况可远没有那么走运。

"奥马哈"海滩宽6.4公里，两端各有一道高达30米的悬崖峭壁俯视着滩面。滩面先是一段很长的坚硬的沙质岸坡，岸直尽头是陡峭的鹅卵石边岸，大

▲ 美军在"奥马哈"海滩登陆。

部分边岸后面筑有防波堤。一部分边岸后面虽然没有防波堤，但那里都是柔软的沙丘，车辆同样无法通过。"奥马哈"离岸不远还有一块海拔45米的高地，也俯瞰着滩头。

整个滩头一共只有4道狭窄的河谷可供车辆开上这块高地，而每道河谷内都横亘着一条注入大海的溪流。在这些天然屏障的后面，又是一片沼泽地，只有一条铺石公路和几条马车路从中穿过。

这个滩头是德军异常坚固的设防地带。这里的海滩靠岸的一半已经密集地设置了3道水下障碍物：第一道是"比利时牛棚门"，这是设置在水中的一种2×3米的钢质构架，往上几乎挂满了饼状水雷；第二道是纵深达2.4～3米的木质或混凝土水中拒马，其中1/3挂有水雷；第三道还是带角钢质的拒马，也全部挂有水雷。

此外，在平坦的沙滩上密布着反坦克壕沟和地雷，并且在每条通路两侧都有大量的火力点。尤其是俯视着海滩的那块高地上，有数不清的火力点和防御哨所……

散落在海岸边上的一些小村内，德军也都布设了重兵。在这一切的后面，便是一大片洪泛区。

登陆部队即使越过了水中3道障碍物，要向滩头进发时，也首先得穿过德军层层设下的布雷区、反坦克壕沟和楔形混凝土障碍物、有刺铁丝网以及相互交驻掩护的密集据点。

而更可怕的是，盟军对这里敌情的掌握是错误的。盟军情报部门一直认为，防守在这里的德军是战斗力很差的海防第716师，可是，实际上扼守这些防御工事的德军部队，是刚从别处调来的一个战斗力很强的精锐机动师——德军第352师。

在这段最危险的登陆地区内，大海也更为汹涌狂暴。

美第1师、第29师一部于"H时"之前13分钟抵达"奥马哈"的西半部。

由于敌人在沿海海底设置的众多障碍物，使得许多满载士兵的小艇无法继续前进，不得不停滞在海上。这些船只在敌人猛烈的炮火下，纷纷中弹起火。

盟军 28 辆水陆坦克刚开上海滩，就遭到德军的炮火反击，2 辆坦克登陆艇被击穿在海滩上，9 辆坦克被击中起火。东段比西段更惨，指定在东段上陆的 32 辆坦克只有 5 辆成功上岸，盟军相当数量的坦克沉入了海底。

这天能见度很差，进攻前的飞机轰炸和舰炮轰击，未能压制住这一登陆点的德军防御火力点。而一些登陆艇，也由于心急和慌忙，发射出的一排排威力强大的火箭炮弹，并没有准确落到敌军阵地上，而是在突击部队前面的浅滩上爆炸开花。

一些登陆艇穿过激浪，颠簸着驶抵海滩。第一批步兵由于晕船而被折腾得虚弱不堪，力气全无。负载沉重的步兵跌跌撞撞地走下船来，跳到水中，随即遭到德军猛烈炮火的袭击。霎时间，已死的、垂死的和负伤的士兵横七竖八地布满了海面。有些士兵设法躲在滩头的障碍物后面，才幸免一死。

接下来的一批登陆部队也遭到同样的命运。

"奥马哈"海滩防线上真是一片混战。

但是，在西西里岛建立奇功、不屈不挠的美军第 1 师继续冒着敌人的炮火向海岸挺进。后续部队的士兵们在 1～1.2 米深的水中冒着敌人猛烈射击顽强地向前冲击，他们越过那些在海水里已经死去和负伤挣扎的战友，隐蔽在前面行驶的坦克后面，编成纵队，向岸上猛烈进攻，许多人死在德军的枪口下和不断上涨的潮水里。

负责开辟通路的 14 个水下爆破队以 52% 的人员伤亡的巨大代价开辟出了 5 条通路和 3 条不完整的道路，但又未能标示出来。然而，美军仍异常顽强地继续向海岸冲去，各突击艇波次基本上都按 10 分钟的间隔前赴后继地向岸上冲去，在海军舰艇强大火力支援下，一步步地向前推进。

在西部登陆的 116 团，A 连伤亡 66%，E、F、G 三个连几乎全部阵亡；在东部的第 16 加强团情况更糟，本应在 E 红滩登陆的 E、F 连却登上了 F 绿滩，而本该在这里登陆的 1 连却跑到了根本不打算用的 F 红滩……

这里的伤亡真是惨不忍睹，该团 E 连连长及 104 人全部阵亡，而原有 180 人的 F 连仅有 2 名军官幸存。

不过，也有一些士兵幸免于难，他们的登陆艇由于侧风所致，稍稍偏离了原定的滩头，停靠在一片硝烟弥漫的海滩上。结果，差不多有整整一连士兵攀上了防波堤，又很快设法穿过布雷区。不久，一支突击队也随后赶到，步兵的力量得到了加强。200 名左右的士兵

美军在"奥马哈"滩头登陆的两张照片。

在千钧一发之际赶抵高地，及时击退了德军对滩头的反扑。

海上炮击继续使德军防御设施和岸上的矮树丛纷纷起火，很快，大约 2 个营美军在浓烟的掩护下，又登上了滩头。一些士兵趁敌人还来不及用密集的炮火封锁住前进的道路时，就抢先冲了过去。

滩头上，载有部队、大炮、车辆的登陆艇源源不断地涌来。炮弹在他们头上纷飞爆炸，敌军机枪对准他们疯狂扫射，登陆艇和车辆纷纷起火，弹药频频爆炸、登陆士兵似乎已无逃生的希望。

然而，坚忍不拔的战士从手足无措的惊恐状态中清醒过来，挺身而出。他们编成若干小队，尽管不断遭到很大的牺牲，最后还是在炮火连天的布雷区中夺路而过，向最近的防御工事发动了攻击。

首批在滩头突击登陆的那一个团，真有些支持不住了。垂头丧气的部队被困在布满尸体和船体残骸的滩头上。

该团团长 G·A·泰勒上校对士兵们说："这个滩头上只留着两种人：已经死的和快要死的——现在让我们冲出这个鬼地方吧！"

部队的士气又逐渐振作起来。士兵临时编成若干支小部队，果断地向外突围。他们且战且进，最后一鼓作气打到并冲过了科勒维尔。

由于从德军手中夺得的那块小得可怜的数百米滩头阵地，始终处于极度的混乱之中，而发起决定性强大攻势所必需的装甲力量和大炮，仍未能冲过敌军的封锁。为了改变形势，美军第 1 步兵师师长许布纳将军孤注一掷，要求驱逐舰冒着有可能杀伤自己人的危险，向德军炮群和火力点作抵近射击。

驱逐舰发挥了巨大威力，德军士兵被迫举着双手从工事中走了出来。美军步兵在由登陆艇送上岸的两栖坦克的支援下，开始向内陆进军，工兵终于能集中力量来扫清雷区了。

不久，这个由许多经历了北非和西西里战役的老兵组成的美军第 1 师主力，从狭窄的滩头阵地列队出发。

下午，当第二梯队的 B 编队到来时，美军的进攻力量得到了加强，情况也大有好转。

黄昏时，美军在"奥马哈"滩头阵地好不容易为军车开辟出一条道路来。这时，一些坦克和自行防坦克炮轰鸣着穿过雷区，前去接应步兵部队，向附近内陆设有重防的村落发动进攻。

到天黑时，部队前出纵深已达 1.6 ~ 2.4 公里，虽然没有达到预定目标，但也终于突破了德军"大西洋壁垒"。

"奥马哈"滩上的霍克角之战最为激烈。

霍克角是一个钝三角形海角，屹立在狭窄的岩岸上，高达35米，位于"奥马哈"最西的一个登陆点以西约5.6公里的地方。

德军在那里配置了一个155毫米的岸炮连，有火炮6门，其中2门有带掩盖的永备工事，还有混凝土的观察测距台。这些海岸火炮的射程都为22,500米。它们控制了美军"犹他"和"奥马哈"两个登陆地段。德军作战计划人员中没有一个人相信美军在这里登陆能获得成功，除非霍克角被压制或者被占领。

盟军陆军航空兵第8和第9轰炸机司令部从4月14日以来曾三次轰炸霍克角。在"D日H时"以前，盟军"得克萨斯"号战列舰又对它发射了大约250发炮弹。"萨特利"号和驱逐舰"塔利邦特"号参加了在6时45分结束的对霍克角的最后射击。

但是，无论是盟军高级将领，还是直接的作战指挥官，谁都不敢设想这些轰炸和射击会使德军岸炮完全失去效能，因此，在战前就计划，在登陆的同时对霍克角实施一次特遣突击。

美军第1集团军群司令布莱德雷将军考虑到，这次突击任务是他的士兵们所执行过的任务中最艰巨的一次。几经考虑，最后决定把这个任务交给美国陆军第2别动营去完成，全营200名士兵由美国陆军拉德中校指挥。

特遣突击计划规定，别动队的任务是从一处由几个机枪阵地掩护的坎坷不平的圆卵石海滩上陆，然后攀登上一处有10层楼房高、几乎垂直的悬崖，并迅速占领那里的岸炮阵地。

当这个突击计划送到霍尔将军的指挥部时，他的情报军官表示："不能这样做。只要三个拿扫帚的老太婆站在上面，就完全能够阻止别动队员登上那个悬崖。"

然而，还是这样做了。

为了能够登上那个该死的悬崖，在拉德中校的监督下，6艘突击登陆艇各安装了3对（6个）火箭筒。发射的火箭能把攀登绳索带到悬崖上去。第一对火箭携带的是近2厘米粗的普通绳索，第二对火箭携带的是备有手握套环的同样粗的绳索，第三对火箭携带的是绳梯。每根绳索或绳梯上都装有小锚钳，以便牢牢抓住悬崖那边的地面。

突击登陆艇还携带了轻便的、拆卸式的梯子，可以很快接到33米，同时，还有4辆水陆汽车，车上装备了从伦敦消防队借来的30米长的消防梯。

所有这些器材曾经在英国斯沃尼奇附近的一个悬崖上进行过试验，证明是可以使用的。试验时，美军"萨特利"号驱逐舰也开去同别动队员们一起进行了训练。该舰配属给这支别动队，以提供火力支援。

另外，一个舰炮火力岸上控制组被派去同他们一起攀登悬崖，以便协调指挥舰炮火力。

队员们充满信心：他们能够攀登上霍克角，并在德国人醒来以前拿下大口径火炮阵地。

6月6日这天，别动队员们乘坐英步兵登陆舰"阿姆斯特丹"号和"本·迈·克里"号渡过英吉利海峡，而后换乘12艘英国突击登陆艇。美国的46号坦克登陆艇携带4辆水陆汽车。英国的91号和102号登陆支援艇和英国的304号巡逻艇为这次登陆护航。

可是，从换乘区开始，突击登陆艇一路上灌进了很多海水，别动队员们不得不用他们的钢盔把水舀出艇外。一艘运送部队的小艇沉没了，但人员都被救出；而一艘运送补给品的突击登陆艇却连同全体艇员沉没了。

担任向导的英国巡逻艇的艇长把珀西角误认为霍克角，幸亏在尚未到达珀西角之前，102号登陆支援艇上的拉德就发现了这一错误，他转向霍克角行驶，并命令所有小艇跟上。可是，这一错误迫使他们要在紧靠悬崖和遭到德军机枪射击的情况下，顶风冲过珀西角附近的急流。

英驱逐舰"塔利邦特"号驶来援救它们，7时，"萨特利"号又来替换了"塔利邦特"号，但仍有一辆水陆汽车被击毁，有两艘登陆支援艇由于逆流行驶只能缓慢前进。91号登陆支援艇的艇首被水淹没，艇尾翘起，螺旋桨打空转，就在这时，它被机枪打得到处都是洞孔，部分艇员落水。该艇艇长用0.5英寸（12.7毫米）维克斯机枪还击，并设法援救落水人员，但破损的小艇最终被艇员放弃并沉没。

航向错误所造成的35分钟的迟误，使德军在舰炮火力转移以后有时间做好准备，但他们未能利用这一点。当"萨特利"号接近霍克角时，盟军在甲板上清楚地看到德军正在悬崖边缘准备去追登者。该舰用炮火驱散了人群，并打哑了悬崖上正向它射击的一门小炮。

7时08分天已经大亮，全部小艇驶到悬崖东面脚下的险峻岩岸。

悬崖顶上的德军为了阻止盟军登上悬崖，有几个士兵开始向悬崖下面扔手榴弹，并用轻武器射击。10多名盟军士兵刚刚越过水边跑到悬崖脚下的圆卵石海滩，就被击伤了。

英国304号巡逻艇为了弥补先前的错误所造成的损失，把距离接近到630米，对准悬崖边缘进行猛烈的射击。这些火力同"萨特利"号的射击结合起来，打得德国人无法进行有效的抵抗。

圆卵石海滩对水陆汽车来说太陡了，它们无法架起消防梯，但突击登陆艇的火箭却起了作用。除两艘外，其余各艇至少用一根射出的绳索钩住了悬崖的边缘。梯子立即被连接到一起，在半小时的登陆时间内，150名别动队员爬上了悬崖的顶端。

别动队员们分成小组，成扇形展开，迅速越过了霍克角。但他们发现阵地上的火炮是

用电线杆做成的假炮。德国人已经在"D日"以前把火炮转移到了后方，打算在永备工事全部完工以后，再立即把火炮放回原处。不过，德军炮手们仍留在阵地上，他们在地下挖了很多由坑道连接的小房间，既不怕飞机轰炸，也不怕舰炮射击。当德军看到别动队员时，就猛烈地向他们射击。

现在别动队员被孤立了，由施奈德上校指挥的一支数百人的增援部队已经做好准备。但因为没有人用无线电向施奈德报告霍克角上别动队的情况，他以为拉德未能完成任务，于是就按照出现不测事件时的方案，让他的人员在"奥马哈"最西边的海滩上陆。

德国人不断从弹坑和坑道里钻出来射击在霍克角顶上的别动队员。一部分别动队员忙于肃清这批敌人，另一部分别动队员趁机前出到格朗康通往维叶村的大路。

大约在8时30分，他们在那里设置了路障，构筑了环形防御工事。

别动队的一支搜索队发现了从霍克角转移来的6门155毫米火炮中的4门，它们都安放在田野里，控制着"犹他"海滩，并有很好的伪装，附近还有大量的弹药。

别动队员向这些海岸炮投掷不少铝热剂的燃烧手榴弹，它们立即燃起了大火，随后是巨大的轰响……

别动队员们终于完成了任务。

No.3 其他滩头

金海滩位于贝辛港以东，从拉里维埃到阿罗门奇共长5.2公里。这是一片低平的海滩，基本上是海拔10米左右的沙质陡坡，德军在此设置的障碍物多达2,500个，几乎达到每0.5平方米就有一个的密度，还构筑了很多坚固支撑点。部署的火力可以纵向覆盖整个海滩，但是支撑点的分布很不合理，大部分集中在拉里维埃、勒阿米尔、阿罗门奇三处，其他地方很少。

金海滩由英军第30军实施登陆。组成该军的第50师、第51师和第7装甲师都是曾在北非战场纵横驰骋、久经考验的劲旅。

第一梯队是英国第30军的第50师，加强有第79特种装甲师的一个坦克旅。第二梯队是英国第7装甲师，这是盟军在"D日"登陆的唯一一个装甲师，该师参加过北非战役，打败了隆美尔的"非洲军团"，是盟军装甲部队中的王牌。负责运送登陆部队的是由英国道格拉斯·彭南特海军准将指挥的"G"编队。

6月6日4时55分，"G"编队到达换乘区。从5时45分开始进行舰炮火力准备，驱逐舰、火炮登陆舰和火箭艇猛烈的炮火，使德军岸炮连的还击变得微不足道。

由于金海滩的卡尔瓦多斯礁脉在低潮时是露出水面的，所以登陆时间必须在涨潮后的60分钟，这样登陆时间就定为7时25分，也就使英军的火力准备时间比较充足。舰炮火力准备长达100分钟，持续而猛烈的炮击收到了很大效果，德军几个主要的支撑点都被摧毁。

7时25分，第50师准时上陆。他们遇到的最大困难是这里的障碍物要比预想的多得多，德军在盟军可能登陆的约5公里海岸上设置了不下2,500个障碍物。加上潮水上涨很快，清障工作开始得很迟，水陆坦克无法下水，因此不得不在障碍清除艇抵岸后，立即由坦克登陆艇运载部队抢滩。

由于风浪太大，登陆指挥员临时决定水陆坦克不下水，由坦克登陆艇直接送上滩头，这就避免了像美军那样的损失。再加上德军支撑点的火力只能纵向射击海滩，无法向海上目标射击，就使得英军登陆部队抢滩冲击时没有遭到炮火射击，冲上海滩进入德军炮火射界后又得到水陆坦克和特种坦克的有力支援，很顺利地控制了登陆场。尤其是特种坦克发挥了巨大作用，迅速清除了德军设置的大量障碍物，为步兵的推进创造了极为有利的条件。英军的推进非常顺利，一直到勒阿米尔村才遭到较猛烈的抵抗，步兵被德军纵深火力所阻遏，推进受阻。这时候英军三辆用于充当开路先锋的"巨蟹"扫雷坦克，在登陆后的战斗中一辆被毁，一辆陷入沼泽，仅剩的一辆开上来一直突入村内将德军火力打哑，为步兵扫清障碍。在其他地方，一切就像演习那样非常顺利。到11时，第二梯队第7装甲师开始上陆，海滩上已由特种坦克开辟出 7 条通路，所以英军的推进顺畅无阻。12 时 30 分，第 50 师集中主力两个旅的兵力并肩向内陆进攻，于当晚 21 时占领阿罗门奇，与在朱诺海滩登陆的加拿大军队会合，将两个滩头连成一片。

位于美、英两军登陆结合部的贝辛港，是个仅有两条防波堤的小港，但对于登陆初期还没有任何港口的盟军而言，却是非常宝贵的。攻占贝辛港的任务由在金海滩登陆的英国海军陆战队第 47 登陆袭击队来完成。该部于 6 日 9 时 30 分在贝辛港以东 14.5 公里处上陆，由于在登陆时损失了所有通讯设备，与主力失去了联系，也就得不到兵力火力上的支援，面对德军的猛烈抵抗，陷入孤立无援的困境，在海岸附近受阻达 8 小时，直到傍晚时分才到达贝辛港，因敌情不明未敢轻易发起攻击，只好在德军火力下潜伏过夜。7 日拂晓，试图联络奥马哈的美军也未成功，最后利用了缴获的德军通讯装备才与主力联系上，这才在海、空火力的支援下于 6 月 7 日攻占贝辛港。

至此英军第 50 师完成了预定任务，占领了纵深约 8 公里的登陆场，当天上陆约 3.5 万人，伤亡约 1,500 人。

朱诺海滩位于金海滩以东 7 公里处的塞尔河河口两侧，海滩后是一片沙丘。德军在这一带修筑了许多混凝土堡垒和坚固支撑点，但海滩上障碍物相对比较少，火炮也仅配置了 4 门 99 毫米海岸炮。守军是第 716 海防师的一个团，该团士兵大多是俄罗斯人和波兰人，士气低落，战斗力差。

在朱诺海滩登陆的是加拿大第 1 军第 3 步兵师，加强有第 79 装甲师的一个特种坦克旅，由英国海军"J"编队负责运送。

6 月 6 日 4 时 30 分，编队按时到达换乘区，由于航行中天气恶劣，加上导航错误，使登陆时间比预定时间推迟了 20 分钟，这就意味着登陆将错过合适的潮汐，不得不在涨起的潮水中进行。登陆艇被迫在被潮水淹没的障碍物之间卸下人员、车辆和物资，庆幸的是在登陆时损失并不大，但登陆艇在卸载完成后返航时有很多被布设在障碍物中的水雷炸沉，其中运送一个营的 24 艘登陆艇被炸沉 20 艘，损失率高达 83%。因为在航空火力和舰炮火力准备时天气恶劣，所以对德军防御工事破坏不大，因此当加军步兵上陆后，一度遭到德军的压制。还好盟军舰炮火力召唤支援非常及时准确，加上水陆坦克的积极配合，终于突破了德军防线取得了进展。只是运送工兵的登陆艇很晚才到，排除水下障碍物的工作直到高潮过后才开始，这样使得海滩上通路很少，导致大量车辆拥挤在海滩上。后来在特种坦克支援下打通了 12 条通路，这才迅速疏通了海滩，保障了后续部队的上陆和推进。

在朱诺海滩伤亡最大的单位是英国海军陆战队第 48 登陆袭击队，他们的任务是打通

与东侧剑海滩英军的联系。由于他们所搭乘的登陆艇是木壳的，撞在障碍物上损坏严重，队员们只好在深水区就跳下登陆艇游水上岸，结果有很多队员因所携装备太重而溺水身亡。好不容易上了岸的士兵又正处在德军机枪火力下，伤亡惨重，最后借助坦克支援才在海滩东侧取得立足点。傍晚时分，加军先头部队已推进到内陆 11 公里处，甚至有些装甲部队已到达贝叶至冈城公路，只是没有步兵伴随掩护，又退了回来。

当日日终，加军已推进到距冈城 5 公里处，并与英军的金海滩连成一片，使两个登陆场合二为一，形成正面 19 公里，纵深 10 公里的大登陆场。"D 日"全天，加军从朱诺海滩上陆约 2 万人，伤亡约 2,000 人。

剑海滩是盟军 5 个登陆滩头中最东端的，位于奥恩河和卡昂运河入海口的两侧。由于海底礁石连绵，可供登陆的地区很狭窄，所以登陆正面仅 4.8 公里，只能展开一个旅的兵力。

德军在这一地区构筑了混凝土堡垒，配置有包括 406 毫米重炮在内的海岸炮部队，防御力量还比较强。

由于登陆正面太过狭窄，在此登陆的英军第 1 军第 3 步兵师的第一梯队仅一个旅。运送第 3 师的是英国塔尔博特海军少将指挥的 S 编队。为保证登陆编队航行不出偏差，英军还特地派 X－23 号袖珍潜艇在此足足潜伏了两天两夜，在登陆时上浮作航向引导。

6 月 6 日 4 时 30 分，"S"编队到达换乘区，5 时 30 分，德军从勒阿弗尔出动了 4 艘鱼雷艇攻击了"S"编队，击沉了挪威驱逐舰"斯文内尔"号。

7 时 30 分，第一梯队旅开始上陆，由于航空火力和舰炮火力准备十分有效，加上第一梯队中的 40 辆水陆坦克有 32 辆顺利上陆，为登陆部队提供了有力的火力支援，使登陆部队进展十分顺利迅速，几乎没遇到多少顽强抵抗。10 时，第二梯队旅上陆，13 时，第 3 步兵师的预备队旅上陆。除了最初的轻微伤亡外，一切都顺利得出乎意料，反倒使预料将在海滩上浴血奋战的士兵不知所措，他们没有乘胜前进，停下来挖壕固守。只有第 1 特种勤务旅继续推进，很快占领了考勒维尔，并在 13 时 30 分到达奥恩河与英国第 6 空降师会合。15 时 50 分，"S"编队司令塔尔博特少将上岸视察，发现海滩上人员和车辆秩序混乱，随即命令派出海滩控制组上岸整顿海滩秩序。

"D 日"晚 21 时，第 3 师已推进到内陆 6.4 公里，并夺取了贝诺维尔附近的奥恩河上的桥梁，与第 6 空降师会师。而编入第 3 师的 171 名自由法国士兵成为第一批解放自己祖国的法军，当他们坐在坦克上用纯正法语向路边的居民问好时，在德军占领下饱受数年苦难的人们大为惊喜。法军登陆的消息立即不胫而走，从而在沿途都受到了极为热烈的欢迎，其热情程度甚至影响了部队的推进。

▲ 盟军部队不断抵达，挤满了整个海滩。

　　总观"D日"各登陆地段的发展形势，尽管不能100%按预定计划实施，但"计划的每个重要的部分都已完成"。

　　盟军在5个海滩，共上陆人员132,715人，车辆1.1万辆，物资1.2万吨。盟军伤亡达9,000多人，其中阵亡不下3,000人。第82空降师损失了1,259人，第101空降师损失了1,240人。在"犹他"海滩上，第4师损失了197人；"奥马哈"海滩上，第1师和第29师损失超过2,000人。就英军来说，英军第6空降师在头两天的战斗中损失了800多人，在"金海滩"的第50师等损失了400多人。在"朱诺滩"的加拿大第3师损失了961人。而在"剑海滩"，英国第3步兵师损失了630人。海军在登陆当天，因德军的海岸炮和水雷，共损失驱逐舰4艘，护卫舰、炮舰、扫雷舰各1艘。

　　然而形势并不乐观，盟军没有完成当日任务，没有占领预定占领的地区，尤其是没占领卡昂和贝叶。而且在5个滩头中，只有金海滩和朱诺海滩连成一片，其余滩头之间都存在不小空隙，特别是美、英两军之间还有达12公里的大空隙。要知道只有顶住了德军随后的反击，并将5个滩头连成一片，扩展成统一的登陆场后，才可以谈得上胜利。

　　在以后的几天里，盟军步兵经过了一场又一场短兵相接的残酷搏斗，夺下一块又一块农田，攻占一座又一座农村建筑物，逐渐地向内陆推进。

　　到登陆后的一周结束时，盟军终于实现了各路登陆部队的会合，巩固了一个东起类思河、北至基伯维尔，纵深13至20公里，大体上呈弧形的滩头堡。

No.4 德军的反击

对盟军在诺曼底的登陆，德军反应迟缓出乎盟军意料。

在"D 日"德军并未组织反击，这主要是恶劣天气影响。德军气象部门没有预报出 6 月 6 日的短暂好天气，因此德军从上到下都认为盟军是不可能在这样的天气里发动进攻的，前线部队没有进入临战状态，甚至一些必要的巡逻警戒都被取消了。就在盟军登陆的关键时刻，德军一些重要指挥官都不在岗位，诺曼底地区唯一的装甲单位，也就是德军最初反击的中坚，第 21 装甲师师长费希丁格少将以及师作战处处长认为恶劣天气不会有什么情况，乘机到巴黎休假，只留下参谋长在卡昂的师部。

B 集团军群司令隆美尔正赶回赫尔林根的家中庆贺妻子的生日。而掌握战略预备队指挥权的希特勒刚刚入睡，随从接到前线的紧急报告，却不敢叫醒他，直到他自己醒来，此时已是 6 月 6 日上午 10 时，盟军的空降兵着陆已 8 小时，登陆兵上陆也已 4 小时。在这一期间，德军西线总司令伦德施泰特元帅要求将战略预备队的装甲部队投入反击，但被总参谋长约德尔拒绝。希特勒醒后，听取了有关部门的报告，认为盟军在诺曼底的登陆只是一场佯攻，所以下令 B 集团军群的第 15 集团军和战略预备队都不得调往诺曼底。可到了当天的 14 时，他改变了主意，将党卫军第 12 装甲师划归诺曼底的第 7 集团军指挥，一小时后即 15 时，又命令党卫军第 12 装甲师和装甲教导师组成党卫军第 1 装甲军，立即开赴诺曼底。但这一命令因盟军强烈的电子干扰，直到 16 时才传到这两个师，而此时这两个师距战场距离都很远，加上盟军空军对交通线的严密封锁，根本无法在"D 日"投入战斗。

在"D 日"组织反击的只有第 21 装甲师，可是师长不在，参谋长无权调动集结部队，他只好将手上仅有的 24 辆坦克派去攻击卡昂以东的英军。因为仓促出动，准备不足，加上没有步兵伴随支援，被英军轻而易举击退。当天下午，师长费希丁格赶回师部，集结所属部队向朱诺海滩和剑海滩之间的卢克镇发动攻击，当时盟军在这两海滩之间尚有数公里的空隙，德军的这一反击正打在盟军的要害，将会给盟军带来不小困难。当第 21 装甲师还在行进间，盟军的 500 架运输机正从头顶飞过，为英军第 6 空降师运送后续部队和补给，而费希丁格误认为盟军空降伞兵正是要前后夹击己部，惊惶失措不战自乱，放弃反击匆忙后撤。

除此之外德军在"D 日"就再没什么反击了。

6 月 6 日，也就是被隆美尔预言为"决定性的二十四小时"，被艾森豪威尔称作"历史上最长的一天"，就这样渡过了。

6 月 7 日，希特勒将西线装甲集群的 5 个装甲师的指挥权交给隆美尔，隆美尔决心

凭借这支精锐部队大举反击。但面对严峻局势，他不得不把反击的第一个目标定为先阻止盟军将 5 个登陆滩头连成完整的大登陆场，其次再确保卡昂和瑟堡。可惜这支装甲部队从 100 ~ 200 公里外赶来，一路上在盟军猛烈空袭下，根本无法成建制投入作战，即使零星部队到达海滩，也在盟军军舰炮火的轰击下伤亡惨重，再没了往日的威风。就这样整个 7 日白天，在盟军海空军绝对优势火力下，德军无力发动决定性的大规模反击。

7 日下午，艾森豪威尔在海军司令拉姆齐陪同下，搭乘驱逐舰到达诺曼底，视察登陆滩头，并同蒙哥马利、布莱德雷等高级将领讨论战况，认为在"犹他"海滩和"奥马哈"海滩之间留有一个大缺口，这是个很严重的隐患。为此艾森豪威尔决定改变原定计划，命令美第 5 军和第 7 军暂不急于去攻占瑟堡，而是趁德军尚无力反击的有利时机，先封闭这一缺口。英军则肃清海滩附近残余德军，进一步巩固登陆场，当天英军攻占巴约。

6 月 8 日，德军 3 个装甲师向卡昂地区英、加军结合部猛攻，遭到英军反坦克炮和海军舰炮联合抗击，损失极大。至此隆美尔和伦德施泰特都明白以现有兵力是无法消灭登陆的盟军了，于是只得下令就地转入固守。这一天奥马哈的美军与金海滩的英军取得了联系，初步封闭了两地之间的缺口。

盟军三天来，总共上陆部队 25 万人，车辆 2 万辆。

6 月 9 日，希特勒在伦德施泰特的极力要求下，同意从驻加莱的第 15 集团军抽调 17 个师用于诺曼底。但受盟军"卫士"计划的影响，同时在总参谋长约德尔、最高统帅部办公厅主任凯特尔、西线情报处处长罗恩纳等人的反对下，希特勒于午夜时分，下令停止增援诺曼底，并将其他地区部队火速调往加莱。伦德施泰特闻讯后仰天长叹："这场战争输定了！"

◄ 德军装甲部队准备进行反击。

　　同一天，美军第 2 步兵师在奥马哈海滩上陆，美第 5 军在得到该师加强后，向西向南大步推进。

　　6 月 10 日，隆美尔和西线装甲集群司令冯·施韦彭格上将一致决定集中在诺曼底的所有装甲部队，在第 2 空降军的配合下，全力反击，以阻止盟军继续扩大登陆场。不料盟军的飞机轰炸了西线装甲集群司令部所在地，施韦彭格被炸成重伤，他的参谋长和很多参谋人员丧生，使得这次反击还未实施就胎死腹中。

　　6 月 11 日，美第 5 军推进到科蒙－塞里亚－伊济尼一线，其先头部队正越过努力打通与美第 7 军的联系。德军明白一旦这两个军连成一片将构成极大威胁，所以全力阻止美军的行动，双方激战不断，黄昏时美军第 5 军已同第 7 军建立起了联系。同一天，盟军的人工港被拖到诺曼底投入使用，使盟军的卸载速度大大提高。在美军地段的"桑树 A"人工港，卸载车辆的速度达到每分钟 2 辆；在英军地段的"桑树 B"人工港，物资卸载量从最初的日平均 600 吨，后来达到日平均 1,500 吨。

　　6 月 12 日，美军攻占卡朗坦。

　　至此 5 个登陆场连成了一片，形成正面宽 80 公里，纵深 12 ～ 18 公里的大登陆场。在 7 天里，盟军共上陆人员 32.6 万，物资 10.4 万吨，并继续向大陆运送更多的人员、物资、装备和补给。

　　在盟军登陆后，德军就从本土和意大利调集飞机，攻击登陆滩头，只是实力相差太过悬殊，只能在夜间进行一些骚扰性质的空袭，起不到什么作用。德国空军 7 天共出动 1,683 架次，还不及盟军一次航空火力准备出动的飞机架次，取得的战绩只是击沉了 2 艘驱逐舰和若干艘小型舰艇。

　　昔日不可一世的德国空军在这场决定性的战略登陆战中，却沦落到仅仅是象征性出动，从一个侧面反映出德国的失败已不可避免。

第九章

巩固扩大登陆场

盟军艰难地在海滩上生存下来，但狭小的空间，无法使后续部队大量涌上法国北部战场。

德军还在调整部署，准备着新的反击。

法国巴黎和德国莱茵河的自由土地还在等待着盟军的到来。

盟军需要站稳脚跟、扩大登陆场，把法国西部海滩变成盟军新的作战基地。

No.1 盟军将帅

1944年6月7日，诺曼底登陆翌日。

早上，盟军陆军总指挥蒙哥马利将军乘英国军舰"福尔克诺"号，越过英吉利海峡来到诺曼底海滩英军作战地区。

上陆后，蒙哥马利将军立即在冈城以西10多公里的克鲁利建立起作战指挥部。眼下他是代表艾森豪威尔将军统一指挥英、美两国地面部队作战的最高统帅，当前任务是扩大滩头阵地。

很快，蒙哥马利又乘船向西进入美军作战地区，登上美国军舰"奥古斯塔"号，与先前来到的美军第1集团军司令布莱德雷将军会晤。双方讨论了东翼"奥马哈"滩头的作战情况，并制订了解决办法。

不久，传来了"奥马哈"滩头作战情况好转的消息，布莱德雷将军立即上了岸，前去为进一步行动筹划指挥。

当蒙哥马利将军乘船返回英军作战地区时，他走到舰舷上远远望去。此刻，海上风

▲ 丘吉尔与英军将领在诺曼底讨论战场形势。

◀ 盟军巴顿将军（左）同布莱德雷将军（中）和蒙哥马利将军的合影。

平浪静，阳光灿烂。他的四周全是舰只，近处是几十艘登陆舰和运输舰，远处用于封锁的舰船和建造人造港的船舶也相继到达，颇为壮观。他感到坐在驱逐舰上作列队航行，真是一大乐趣。

德军空军没有出动飞机轰炸，眼前看不到陆上和海上有什么作战信号。

此时真难以想象，前面不远的岸上正在进行一场决定欧洲命运的战斗。

6月7日，诺曼底登陆翌日，身为盟军最高司令官的艾森豪威尔将军，在海军司令拉姆齐的陪同下，也乘坐皇家海军"阿波罗"号快速布雷舰到诺曼底登陆作战地区观察。

艾森豪威尔用一整天的时间巡视了所有滩头，并寻找机会同包括蒙哥马利、布莱德雷以及各登陆编队的司令官们举行会谈，就当前战事进行了协调。

艾森豪威尔亲自登上"奥马哈"海滩。那时突击"奥马哈"的美军第1师和第29师刚刚击溃敌军，正向内地挺进。许多孤立的德军据点还在坚持抵抗，其中有些据点不断用令人恼火的炮火轰击盟军的滩头和登陆船只。

艾森豪威尔感觉布莱德雷将军还像以往一样勇敢，对登陆作战的胜利满怀信心。

艾森豪威尔感到，盟军在"奥马哈"滩头遇到的那种激烈抵抗，大约相当于他和他的同事们曾担心的在整个战线上会遇到的那种激烈抵抗。然而，由于德军确信盟军不会在当时那种气象条件下发动进攻，这在一定程度上取得了突然袭击的效果，也多少说明了盟军在其他滩头未遇到猛烈反抗的原因。"奥马哈"地区的战斗之所以激烈，是因为那里的德军有 1 个警戒师，即 352 师。据俘房说，这个师曾在这个地区进行过认真的防御演习。

视察后艾森豪威尔认为，下一步美军应集中力量先堵住"犹他"滩和"奥马哈"滩两处登陆部队在卡朗坦留下的缺口，建立一个稳定的登陆场，而不要急于夺取瑟堡。

在盟军将领们的指挥下，盟军登陆的兵力迅速增长。到 6 月 10 日，已经据有一个防守很好而又连成一片的登陆场，它的纵深足以保护登陆海滩不受德军炮火的袭击，并可为战斗机修建简易跑道。

6 月 10 日，英国首相丘吉尔和史末资、布鲁克登上一艘驱逐舰，渡过英吉利海峡，到诺曼底前线的英军滩头阵地视察。此时，英军已经深入内陆 11 ~ 13 公里了。

当他们走下军舰时，蒙哥马利满怀信心地在海滩上相迎，一脸笑容。

丘吉尔等一行在蒙哥马利的陪同下，驱车来到这块有限的法国土地。当时的炮火极稀少，天气晴朗，他们看到了此地乡间的一派富庶景象。田野里满目是正在晒太阳或游荡着的可爱的黄白色母牛，居民们看起来也轻松多了，并且热情地向来访者招手。

蒙哥马利的司令部设在内陆约 8 公里的一处别墅里，周围有草坪和湖水环绕着。大家在一座面向敌方的帐篷里共进午餐。

蒙哥马利将军一直兴高采烈。首相丘吉尔问："真正的前线距离我们这儿有多远？"

"大约有 5 公里吧。"蒙哥马利回答道。

"此时是否有一条接连不断的防线？"首相又问。

"没有。"

"那有什么办法阻止德国装甲兵突然闯进来，把我们的午餐给打散呢？"首相风趣地说。

"我认为德国人不会来。"蒙哥马利说。

参谋告诉丘吉尔，这座别墅在昨天晚上遭到猛烈的轰炸，它的周围有好几个弹坑。

天气依然晴朗，除了偶尔有空袭警报和高射炮火外，几乎听不到枪声，仿佛没发生战争。

丘吉尔一行在有限的滩头阵地着实地视察了一番，并且细细地体味了在法国的土地行走的喜悦。然后，搭乘"克尔文"号驱逐舰回了英国本土。

第二天，伦敦各大报纸和电台都用很长篇幅报道了丘吉尔首相在蒙哥马利元帅陪同下的诺曼底之行。

No.2 措手不及

毫无疑问，盟军在"D日"取得了成功。但能否发展这一胜利，还要看后续部队能否按计划登上诺曼底了。

德军在抗击上陆盟军的同时，千方百计地阻止盟军增兵。为此，德国西方海军司令部制订了如下计划：

1.驻瑟堡的第5和第9鱼雷艇支队执行在登陆地域内布雷和鱼雷攻击任务（特别是在美军地段）。

2.驻布洛涅的第2和第4鱼雷艇支队，在韦斯特朗附近布雷并在东部海军特混舰队活动区进行鱼雷攻击，方便时可从勒阿弗尔和瑟堡出发。

3.驻奥斯坦得（比利时）的第8鱼雷艇支队在海峡东部巡逻。

另外，德国人还掌握着一种秘密武器——水压水雷，当时盟军尚无法对付这种水雷。

盟军针对本次作战舰船多且集中，舰艇机动范围小，而掌握空中优势的特点，决定采取固定的防御体系：

朴次茅斯和普利茅斯海军军区以及多佛尔海军军区共同负责警戒英吉利海峡；东、西两个特混舰队分别负责各自的登陆地域侧翼警戒。东、西两个特混舰队的司令又在各自的警戒区内划分了若干分区和警戒线。

对盟军增兵行动最大的威胁就是德军E级艇和潜艇在夜里的攻击以及水压水雷的破坏。

盟军船只受损的消息不断传来：

7日夜到8日晨，从瑟堡出航的德军第9支队的E级艇攻击了由坦克登陆艇和大型步兵登陆艇组成的船队，2艘坦克登陆舰被击沉、1艘被击伤。

8日夜到9日晨，E级艇攻击了由17艘舰船组成的EBC3船队；另一群E级艇攻击了ECMI船队，2艘坦克登陆舰被击沉。

9日夜到10日晨，E级艇又击沉了满载弹药的英国近海船；第二天夜里又有2艘拖船被击沉，一艘护卫舰舰艄被炸掉……

形势表明，必须彻底制止E级艇的疯狂进攻。

6月14日，根据拉姆齐的要求，18架"蚊"式战斗机和335架"兰开斯特"式轰炸机空袭了在勒阿弗尔集中的E级艇，一举击沉各种舰艇39艘，重创8艘。

15日，盟军又空袭了布洛涅港。结果，E级艇从此只能进行有限的布雷行动，而德国潜艇在盟军强大的空中优势下也只能望船兴叹毫无作为。

希特勒开始报复了，伦敦战区很快就变得比任何人所能预料的更为可怕。

6 月 13 日那天晚上，沿英国东南海岸出现了凶险的征兆。空袭警报器在多佛尔的峭壁上尖声嘶叫，防空探照灯在英国乡村的上空划出由无数个光柱组成的巨大十字。然后，双筒自动高射炮的红色曳光弹，像喷泉似的在沿海数公里长的夜空中喷射，火箭炮也立即发射。

当弹壳碎片穿过灌木丛雨点般落下时，人们发现一道亮光划破夜空——没头没脑、没有眼睛的德国火箭，从英吉利海峡对岸飞到英国内地，在洒满月光的田野上像横冲直撞的蝙蝠一样地呼啸着，如同成百上千的吸血鬼飞来吸吮英国人的鲜血。

这是德军新研制的秘密武器 V－1 型火箭。它是用弹射器发射的飞航式导弹，重 2.2 吨，长 76 米，飞行高度 2,000 米，时速约 600 公里，射程可达 370 公里，携带炸药约重 700 公斤。

为了对英美盟军诺曼底登陆的行动进行报复，迫使英国和谈，1944 年 6 月 13 日夜，德国首次向英国发射 10 枚 V－1 火箭，其中一枚落在英国领土上。

6 月 15 ～ 16 日，德国又发射 200 枚火箭，在飞越海岸的 144 枚中有 73 枚击中伦敦。在各种气象条件下 V－1 火箭的威胁始终存在，它的袭击给伦敦市民带来巨大的恐慌。

空袭警报不停地嘶鸣着。四处传来高射机枪向空中徒劳无益射击的声音，火箭仍不断地飞来，在远处的什么地方又传来一阵爆炸声。防空高射机枪更猛烈地射击着，防空警报器的声音不断地响着，而且越来越刺耳，越来越尖利。

到 7 月 6 日止，从法国沿岸各发射场发射的火箭共有 2,754 枚，伦敦平均每天要挨 100 枚。

大不列颠曾经遭到过可怕的空袭。但盟军于 6 月在诺曼底登陆成功后，平民们确实感到大大地松了一口气，他们不仅期待着胜利，而且希望以后再不会遭到空袭。而当德国的新式火箭开始大量袭击伦敦时，平民们的希望破灭了。令人沮丧的影响不仅限于平民群众，前线的士兵也开始担心家里亲人和朋友的安全。

因此，必须尽快地阻止德军的火箭发射。

英国皇家空军飞临法国北部，成功地将德军火箭储存库炸毁。到8月底，Ｖ－1火箭已不再构成严重威胁，希特勒所宣称的"奇迹"并没有出现。

盟军登陆，非同小可，使纳粹将军们慌了手脚。伦德施泰特和隆美尔认为，现在是当面把真相告诉元首希特勒的时候了，并且要他承认一切结果。

6月17日希特勒到苏瓦松北面的马吉瓦尔同他们开会，讨论形势。开会地点是在一所建筑坚固的地下避弹室里。

有趣的是，这座避弹室曾准备在1940年夏天进攻英国时作为希特勒的大本营，但是一直没有使用。现在过了5个夏天，如今非但没有向英国进攻，反而正受到盟军的进攻。

希特勒脸色苍白，神经质地摆弄着他的眼镜和夹在手指间的红蓝铅笔。他弯着腰坐在一只凳子上，陆军元帅和将军们站立着。

他简单地、但是冷冷地同大家打了招呼，然后愤愤地说，他对盟军登陆成功十分气恼，并要在场的所有战地指挥官负完全责任。他说："我命令全体将士，必须坚持抵抗，尽快恢复失地。"

两位元帅向希特勒力陈让德国陆军在诺曼底流血送死的不明智，他们建议把第7军有秩序地向塞纳河方向撤退，以免被盟军歼灭。因为撤至塞纳河一带后，第7军可以会同德军第15集团军一起，与盟军进行一场虽属防御性、却是机动性的作战，至少会将盟军迟滞在对德军有利的一线，而且尚有一些成功的希望。

希特勒对两位元帅的上述建议根本不感兴趣，对其他任何建议都听不进去，特别在随机调动部队方面，他甚至不肯给这些陆军元帅们比以往更多的自由。

希特勒不仅对陆军元帅们的忠告置之不理，反而滔滔不绝地向他们保证说，新的Ｖ型武器（即前面提到的火箭）将对战局带来决定性的影响。陆军元帅们要求说，既然这种武器如此有效，就应该马上用来对付盟军所入侵的海滩，或者用来对付在英国南部盟军部队集结的港口。而希特勒却坚持必须集中轰炸伦敦，"以便使英国转向和平"。

这样，德军防御部队只能守在不断崩溃的防线上，毫无希望地坚持下去。陆军元帅和将军们也只能勉强执行希特勒的命令，即必须不惜一切代价坚守冈城－阿弗朗什一线。

很快，战争事实证明希特勒所指望的Ｖ型火箭没有产生他所预期的那种效果，而德军在诺曼底的军事压力却越来越大。

一天，希特勒的统帅部突然来了电话，向西线司令部询问："我们该怎么办？"德军西线总司令伦德施泰特元帅回答说："结束战争，此外还能做什么！"

很快希特勒撤了伦德施泰特的职，把东线的克鲁格调来接替他。

克鲁格元帅是一个身强力壮而富有进取心的军人。起初，他非常高兴，并且像所有新上任的司令官一样，充满信心。但是不到几天功夫，他就变得非常严肃和沉静了，因为眼前的战事形势太严峻了。

没过多久，即克鲁格上任还不到 2 个月，德军不仅整个防御阵线被盟军突破，而且一支数量巨大的德军被围困在法莱兹"袋形地"，全军覆灭。8 月 16 日，克鲁格被希特勒撤职。两天后，他在乘车返回德国的途中吞服氰化物自杀。

他在给希特勒的最后一封信中说道，虽然他认为对于其部队的失败他没有任何罪过，但他看不出在德国国内会获得多大同情，自杀是他可以采取的唯一的体面方法。他要求元首认识德国绝望的处境并缔结和约……

No.3 苏军加入战斗

6 月 6 日下午，当诺曼底登陆开始不久，英国首相丘吉尔就致电斯大林，通告了诺曼底登陆行动：

一切开始进行得都很顺利。水雷、障碍物和地面的炮台大多已被克服。空降很成功，而且规模很大。步兵登陆进展迅速，许多坦克和自行推进火炮已运上岸。气象预报中天气常转佳。

斯大林收到丘吉尔的电报，十分高兴。他当即回电表示热烈祝贺。回电说：

接奉来电，得悉"霸王"作战行动业已开始，并获成功，我们同感欢欣，并祝获更大成就。按照德黑兰会议协议所组织的苏军夏季攻势，将于 6 月中旬以前，在前线某一重要地段开始。苏军的总攻将随着部队之陆续转入进攻而逐步展开。从 6 月底到 7 月间，各项进攻行动将汇成苏军的总攻势。攻势行动的进展情况，当随时奉告。

正如斯大林在电报中所讲，6 月 10 日苏联红军的夏季攻势中的第一阶段在列宁格勒战线展开，它揭开了苏军 1944 年整个夏季进攻的序幕。

这次战役从 6 月 10 日开始到 8 月 9 日结束。苏军参战的有：戈沃洛夫元帅指挥的列宁格勒方面军右翼部队、梅列茨科夫大将指挥的卡累利阿方面军左翼部队，总共 45 万余人，火炮和迫击炮近 1 万门，坦克和自行火炮 800 多辆，飞机 1,547 架。战役目的是迫使芬兰退出战争，改善苏德战场北翼的战略态势。

6 月 10、11 日，列宁格勒方面军第 21、22 集团军分别发起进攻。

17 日苏军突破芬军第二道防线。

20 日，苏军突破第三道防线，占领维堡。

21 日，卡累利阿方面军第 7 集团军发起进攻，强渡斯维尔河。

25 日，苏军解放了奥洛涅茨。

7 月底苏军进抵苏芬边境线。至 8 月 9 日战线稳定在库达姆古巴、皮特凯一线。这次战役减轻了对苏军北翼的威胁，同时也为苏军尔后在波罗的海沿岸作战创造了有利条件。

6 月 23 日苏军又发动了白俄罗斯战役，波罗的海第 1 方面军、白俄罗斯第 1、2、3 方面军都参加了这次战役，总兵力 240 万人，火炮 36，400 门，坦克 5,200 辆，作战飞机 5,300 架。

经过激战，苏军消灭德军 54 万人，给予德军中央集团军群以毁灭性打击。苏军战线向西推进 500 ~ 600 公里，解放了白俄罗斯全部领土和立陶宛的部分领土，并在波兰军队配合下，解放了波兰的东部，逼近了东普鲁士和华沙。

当白俄罗斯战役正在激烈进行的同时，苏军又发动了利沃夫－桑多梅日战役。

7 月 13 日乌克兰第 1 方面军在乌克兰西部和波兰东部发起了进攻，苏军共有 120 万人。

在这次战役中，苏军共击溃德军 23 个师，全歼 13 个师，解放了西乌克兰和波兰东南部，为而后在华沙方向至柏林方向上的进攻占据了有利的地位。

上述三个苏军战役都从战略上有力地配合了盟军在西线开辟第二战场。苏军一系列的有力进

▶ 苏联 T–34/76 型坦克向德军发起攻击。

攻，极大地吸引了德军，使其不能从东线抽出部队支援西线战场。

对于整个诺曼底登陆战役，斯大林元帅给予了高度评价。正如 6 月 11 日斯大林元帅在获得诺曼底登陆成功的消息后，分别给丘吉尔和罗斯福发出的电报指出的：

显然，原定计划中这次规模庞大的登陆行动，已经全部成功了。我的同事们和我不能不承认：就其规模，就其宏大的布局，以及杰出地执行计划情况来讲，战争史上从来没有过足以和它类比的事业。如众所周知，拿破仑当年打算强渡海峡遭到可耻的失败。歇斯底里的希特勒吹了两年牛皮，说要强渡海峡，但是就连做一个企图进行威胁的暗示，也下不了决心。只有我们的盟国才光荣地胜利实现了强渡海峡的庞大计划。历史将把这一业绩当作一项最高的成就而记载下来。

No.4 激战瑟堡

登陆开始后第 2 天，即 6 月 7 日，天气虽然晴朗，海面上依然刮着 5 ~ 6 级的强风。盟军登陆的诺曼底海面上一直波涛汹涌，被击伤和损坏的舰船随风飘荡……

下午，风刚一停，建立人工港的"桑树"计划就开始付诸实施了。

美军人员在乱成一团的海滩上勘察，在海面上设立标志标明各部件应该沉放的位置。

当天下午，第一批准备下沉作为"醋栗树"防波堤的船只到达。冒着德军不断射来的炮弹袭击，有 3 艘在当天就沉放在指定位置。8 日，供"桑树 A"用的巨大的混凝土箱"凤凰"，也按计划运到"奥马哈"海面，被立即沉到指定位置。

到 6 月 10 日，美军地段的防波堤竣工，围出了一个 2 平方海里的港区。

16 日 16 时 30 分，一艘坦克登陆舰靠上了刚刚竣工的一条罗布尼兹——"鲸鱼"舟桥通道，很快，至少有 78 部车辆在 38 分钟内通过这座桥上了岸。

"桑树 A"建成了！接着，第 2 条、第 3 条舟桥码头和外海防波堤"低音大号"陆续竣工。

此时，"奥马哈"这段只停过小渔船的荒凉海滩，一跃成为法国北部最有活力的、容量最大的港口。在英军"金"海滩登陆地段的"桑树 B"也建成投入使用，川流不息的人员、补给品迅速上陆。

到 6 月 18 日日终时，共有 314,514 名人员，41,000 部车辆和 116,000 吨补给品通过人工港上陆，形势十分喜人。

到 6 月 19 日为止，盟军实力与日俱增。组织完善的横渡海峡运输舰队已把大约 20 个师的部队送到陆上，盟军的集结速度超过德军，在诺曼底已拥有 50 万人左右的兵力。

与此相反，由于盟军的无情空袭，再加上交通线在前些日子已遭破坏，德军元帅隆美

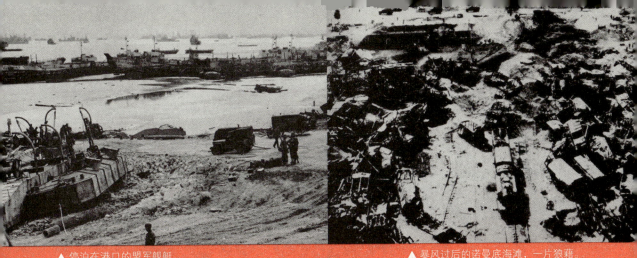

▲ 停泊在港口的盟军舰艇。 ▲ 暴风过后的诺曼底海滩，一片狼藉。

尔不可能得到编制完整并能立即投入战斗的增援部队。

有些增援部队不得不化整为零，而且往往还得在夜间靠步行或骑自行车赶往前线。他们的许多重型装备都在途中被炸毁。

6月19日拂晓时分，一场40年来罕见的大风暴席卷了英吉利海峡，8级大风卷着18米的巨浪向盟军的人造港猛扑过来。

最先是海峡之间的运输和卸载工作被迫中断，原来的运输洪流也变成了点点滴水。

很快，暴风使小型水陆载重汽车像无头苍蝇一样，在近海运输船和海岸之间到处乱撞。有的舰艇被折断，有的锚链断裂，失去控制，互相碰撞。沉重的"低音大号"随风漂流，冲向下风处。事先从英国拖来的长达4公里的"鲸鱼"通道沉没，"桑树A"在溃散……

第二天，风依然刮得很大。盟军在滩头阵地修筑的小型跑道已根本不能降落飞机，海上交通也完全中断了。

这场大风持续了80多个小时，直到22日傍晚时才开始停息。

此时，映入精疲力竭的舰员们眼中的是满海滩的破船烂车，乱七八糟的各种类型的装备。

据统计，总共有800艘各种舰船被刮到了岸边，其中大部分受损搁浅，4天的大风暴比敌人两个星期造成的损失还要大。

可怕的是，大风暴引起了登陆部队补给品的严重不足，缺乏补给使原定的横渡奥登河的进攻无法实施，而且使本该登陆的3个师滞留在海上，盟军的攻击规模受到了限制，德军则可乘机调动预备队投入登陆场作战……

必须修复"桑树"人工港，才能扭转这种不利局面。

"桑树A"已经失去了修复价值，海军司令拉姆齐立即组织人员全力修复"桑树B"。

6月29日，"桑树B"又开始接受从英国开来的补给船，7月8日，每天的吞货量达6,000吨；7月19日，坦克登陆舰码头建成投入使用，吞货量达7,000吨；7月29日，上岸补品达到了11,000吨的创记录数字，大量的部队和补给品通过人工港流向诺曼底战场。

▲ 一枚炸弹在美军士兵身边爆炸的瞬间。

在"桑树"行动的同时，"普拉托"行动——铺设输油管道的工程也在进行。7月初如果天气好的话，这些输油管道就能以每天8,000吨的速度把油料从海峡对岸送到诺曼底。

至此，盟军已经像汹涌的潮水一样，不断涌向欧洲大陆，然而，还必须采取进一步的措施，才能使这股洪流真正不可阻挡。

"桑树A"毁于大风暴，使盟军愈加感到必须马上夺取瑟堡港，因为只有这样才能尽可能不受天气的摆布，使增援部队和补给品有一个稳定的登陆港。

瑟堡港是盟军生命线上的隘口，必须夺取，然而，又谈何容易！那里原来防御就很强，其所处的位置又易守难攻，况且，希特勒下了死命令，要求德军守住瑟堡。

在瑟堡的所有德国人都被编入了现役，使瑟堡成为一个拥有4万多守军和几十个大口径炮兵连和暗堡炮连的要塞。在瑟堡外围，德军形成了一条比较稳定的战线。

美第7军军长柯林斯少将率部稳步地向科坦丁半岛前进，进攻锋芒直指瑟堡。6月18日第7军切断了科坦丁半岛。6月22日，他的兵力已增到了4个步兵师、2个空降师、2个摩托化侦察营和2个坦克营。

柯林斯少将根据德军在最后一阶段的撤退速度，认为已经不再需要舰炮火力支援，便可轻松地拿下瑟堡。可是德军在撤到瑟堡市郊的防线之后，便不再继续撤退了，而是转过身来开始转入防御，摆出了一副负隅顽抗的架势。

德军环形防御是一道从瑟堡向西延伸11公里，向南延伸6公里，向东延伸13公里的弧形野战工事和筑城地带。面对这些欲做困兽之斗的德军，柯林斯不得不改变决定，申请舰炮火力支援。

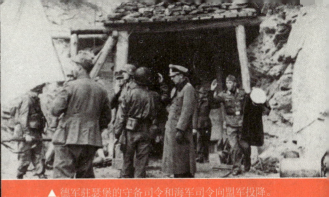

▲ 德军驻瑟堡的守备司令和海军司令向盟军投降。
◀ 瑟堡的德军指挥官在商量投降事宜。

此时，盟军陆军已经推进到瑟堡近郊，第9师在左翼，第79师在中路，第4师在右翼。到6月21日夜间，第7军的先头部队已到达离该城约2公里的半圆形地带。两个海角的德军已被包围在相互隔离的两个"口袋"里。

美国海军少将戴约指挥的第129特混舰队担任了攻击瑟堡的火力支援队，该编队下设两个大队并配有一个扫雷舰大队。

6月25日4时30分，戴约少将指挥的火力支援队从波特兰出航，顺利地渡过海峡。第1大队于9时40分到达瑟堡以北15海里处，第2大队在其东边数海里处，做好了火力支援的准备。

柯林斯少将生怕舰炮伤了友军，所以各舰队开火前要占领近距离火力支援阵位。各舰舰长还得到通知，中午前不得射击，除非敌人向他们开火。从12时起，他们才可以对那些由"舰炮火力岸上控制组"指定的目标以及向他们开火的德军岸炮连射击。

12点过去了，因为没有得到召唤，舰炮仍然保持着可怕的沉默，舰员们虎视眈眈地注视瑟堡。

这种沉默又持续了5～6分钟，瑟堡港西边奎尔村出现了火炮发射的闪光，德军150毫米岸炮连打破沉默，猛烈轰击了去瑟堡港以北的近距离火力支援区的扫雷舰，盟军舰炮则以极快的速度开始了反击。

4艘英国巡逻艇施放了烟幕，就在德军第2次齐射所激起的水柱还没有落下之前，戴约就发出信号："对准正在向扫雷舰射击的敌炮连直瞄射击。"顿时，奎尔村立即被炮火覆盖了，一场岸舰之间的激烈炮战开始了。美军的军舰一边规避着敌人的齐射，一边在校射飞机的协助下发出一串串准确的炮火，正在进行进攻作战的美第7军得到了及时而准确的火力支援。

第2大队在转到近距火力支援区时，遭到了德军猛烈的炮火袭击，他们无法按计划与第1大队会合，因此，他们不得不去对付莱维角的敌"汉堡"炮连。这个德军岸炮连射程远、射界宽，可以对瑟堡的海上接近地进行有效射击，必须打掉这个岸炮连！

于是，这里也展开了一场激烈的炮战。岸舰之间弹如飞蝗，空中、海上和陆地能看见的只有炮火的闪光、冲天的水柱和滚滚的浓烟……

瑟堡海面的炮战愈来愈激烈，虽然有些舰只已经受到不同程度的创伤，但整个火力支援队在校射飞机的协助下却愈战愈勇。当上级规定的90分钟舰炮火力准备即将结束时，戴约感到并没有达到预期效果，他不愿按规定时间撤出战斗。在与第7军军长柯林斯少将取得联系的前提下，舰炮火力支援又持续了80分钟。

在舰炮的有力支援下，美军陆军从后面攻占了鲁尔炮台。

6月26日，第9师和第79师攻入瑟堡市区，经过激烈的巷战，德军守备司令和瑟堡海军司令投降。

瑟堡战役结束了，但盟军付出了惊人的代价。战场上弹坑遍地，弹痕累累，绿色植物所剩无几。在东倒西歪的德军掩体中，到处是各种残骸：弹药箱、各种子弹和破衣烂衫。

在阵地后45米的小道上，有一顶钢盔，这是美军第2营的一个士兵的，钢盔前沿有个子弹孔，后边也开了口，帽子还是湿漉漉的……

自登陆日起，已有4,000名美国士兵牺牲了。

德军遵照希特勒的命令已经把瑟堡变成了废墟。连接巴黎来的火车与横渡大西洋定期班船之间的火车站，被整整一列货车的炸药炸毁。港区内到处是沉船，并布满了水雷。所有大型起重设备和其他港口设备都被破坏了。整个瑟堡港被破坏的严重程度比盟军原先预计的要严重得多。

7月1日，拉阿格角和整个科坦丁半岛被盟军完全占领，守军全部被肃清。

清理瑟堡港的工作很快地展开了，第一批货物于7月16日运到瑟堡港，整个瑟堡港的清理直到9月21日才结束。

No.5 挺进纵深

就在美军攻占瑟堡的同时，蒙哥马利指挥英军第2集团军，于6月26日以4个师的兵力发起代号为"埃普索姆赛马场"的作战，猛攻卡昂。于当天中午攻占舍克斯，并继续向前推进，但左右两翼都受到德军党卫军第12装甲师的坚决反击，前进非常艰难。

6月27日，英军经一番苦战，击退德军的反击，占领劳良，先头部队第11装甲师控制了奥登河上的桥梁。

6月28日，英军主力渡过奥登河，建立起正面宽3,650米，纵深900米的桥头阵地。

6月29日，德军集中5个装甲师发起反击，盟军的空军乘着天气晴朗的有利条件大举出动，

▲ 美军登陆后向法国南部攻击前进的两张照片。

对德军装甲部队实施了极其猛烈的轰炸，瓦解了德军的攻势。英军第11装甲师乘机占领卡昂西南的战略要地112高地。德军深知112高地的重要价值，随即组织多次反扑，但均未得手。

6月30日，德军集中所有炮火，全力炮击112高地，在猛烈炮击下，英军难以坚守，只好放弃112高地撤到奥登河岸边。德军虽夺回了112高地，但一直在盟国空军的猛烈打击下，无法集中使用装甲部队，也就发挥不出装甲部队巨大的突击威力，一般只能使用200名步兵和15～20辆坦克组成小型战斗群进行短促出击，难以取得胜利。加上几天来坦克损失约100辆，又得不到补充，隆美尔为确保卡昂，只好放弃外围一些阵地，将全部900辆坦克中的700辆部署于卡昂近郊。盟军在占领卡卢克机场后，再无力推进，双方陷入对峙。

6月29日，隆美尔和伦德施泰特晋见希特勒，汇报了当前的战局。希特勒对此大为不满，调整了德军西线高层指挥人事，以克鲁格元帅取代伦德施泰特任西线总司令，埃伯巴赫取代冯·施韦彭格指挥西线装甲部队，并将所部改称第5坦克集团军，以党卫军上将豪瑟接替刚刚病故的多尔曼上将任第7集团军司令。

7月1日，盟军宣布"霸王"登陆作战中的海军作战即"海王"作战胜利结束。随即撤销东、西特混舰队的番号，所属舰艇一部分被调往地中海和太平洋。盟军又在诺曼底新设立两个海军基地司令部，一个在瑟堡，一个在朱诺海滩的人工港，具体负责指挥调度人员、物资的运输和卸载。

到七月初，盟军已上陆25个师，其中13个美国师，11个英国师，1个加拿大师，共100万人，56.7万吨物资，17.2万部车辆。盟军仍觉得登陆滩头太狭窄，便继续扩大登陆场。美军为保障日后能展开大规模的装甲部队，取得有利的进攻出发阵地，美军第1集团军在攻占瑟堡后马不停蹄立即挥师南下。

7月3日，盟军集中14个师的兵力，向登陆场正面德军约7个师发动猛攻。因前进的道路上是大片沼泽和诺曼底地区特有的树篱地形，易守难攻，加上天气不佳空军也无法出动，所以进展缓慢，在五天里才前进 6.4 公里，而伤亡高达 5,000 人。接下来足足经 7 天的浴血奋战，又付出 5,000 人的伤亡才推进 4.8 公里。伤亡如此之大，主要是前进的道路两侧都是沼泽，只能展开 1 个师的兵力，在遍布地雷、障碍物的道路上粉碎德军的顽抗步步推进。

7 月 6 日，直属盟军最高司令部指挥的具有极强机动力和突击力的美军第 3 集团军，在骁勇善战的巴顿率领下，踏上欧洲大陆。

7 月 9 日，德军党卫军装甲教导师被调到维尔河地区，抗击美军的攻势，尽管该师全力奋战，仍阻止不了美军的推进。

7 月 11 日，西线美军向诺曼底地区重要的交通枢纽圣洛发动钳形攻击，但德军依托预先构筑的工事拼死抵抗，美军的攻击未能如愿。于是美军停止攻击，整顿部队，补充弹药，准备第二轮进攻。而德军人员、装备、弹药所剩无几，又得不到补充，已是山穷水尽。在美军随后发起的第二轮进攻中终于不支，圣洛于 7 月 18 日被美军攻占。在圣洛战斗中德军在诺曼底地区重要的前线指挥第 84 军军长马克斯中将阵亡，美军为夺取圣洛也付出了近 4 万人伤亡的高昂代价。随着圣洛的失守，德军在诺曼底地区防线被盟军分割为两段，局面更为被动不利。

与此同时，东线的英军对卡昂发动第二轮攻势。7 月 7 日，盟军出动 460 架次重轰炸机，对德军阵地进行密集轰炸，在 40 分钟里投弹达 2,500 吨。7 月 8 日，英军 2 个师和加军 1 个师在海军舰炮火力支援下，向卡昂实施向心突击。不料空军的猛烈轰炸虽给德军造成了惨重伤亡，却也造成了遍地瓦砾废墟，其损坏程度甚至严重影响了己方地面部队的推进，因此英军于 7 月 10 日才占领卡昂。

在随后的一周里，盟军一边补充兵力物资，一边不断向正面德军施加压力，使其无法重新调整部署。

7 月 18 日，为进一步将登陆场扩大到奥恩河至迪沃河之间，英军继续由卡昂向东南推进。为配合英军的进攻，盟国空军实施了更猛烈的航空火力准备，共出动 1,700 架次重轰炸机和 400 架次中轰炸机，投弹达 1.2 万吨，并吸取对卡昂轰炸的教训，炸弹都改用瞬发引信，以减少对道路的破坏。德军也改变战术，采取纵深梯次防御，大量使用 88 毫米高射炮平射坦克，并在有利地形不断组织反冲击，使英军伤亡很大，坦克损失达 150 辆，进攻被迫停止。

尽管英军的进攻没有取得进展，但在整个战场上，盟军已到达冈城 - 考蒙 - 圣洛 - 莱索一线，形成正面宽 150 公里，纵深 15 ~ 35 公里的登陆场，建立并巩固了战略性质的桥头堡。

第十章

通向巴黎

　　德军内部的严重分歧，特别是高级将领与德军统帅部之间在诸如兵力部署等重大问题上的严重分歧，为盟军继续进攻提供了一个有利因素。

　　盟军下一步的目标是巴黎，而冈城是通向巴黎的门户，它是盟军向欧洲大陆纵深进攻的枢纽所在，必须夺取。在蒙哥马利元帅的作战计划中，冈城是盟军进攻欧洲大陆的枢纽，盟国军队从诺曼底登陆后将围绕这座小城镇转向东北，再发动直指法国首都巴黎和德国的莱茵河的进攻。

No.1 负隅顽抗

冈城对于德军来说也同等重要。

冈城附近集中了大量德国装甲部队，以迟滞盟军向东面的推进。如果盟军在这个地方突破，德军的整个第 7 集团军与北面的第 15 集团军之间就会出现一个缺口，到那时，通向巴黎的路就完全敞开了。

为此，在科蒙至冈城之间的正面，德军集中了 7 个装甲师和第 8 装甲师的部分兵力，这几乎是德军驻法装甲部队的 2/3。同时，在盟军的左翼当面也有 2 个步兵师。

冈城变成了盟军进攻最艰难、德军抵抗最顽强的战场。

英军于 6 月 26 日首次发起夺取冈城的大规模攻势。

进攻开始时，英军陆上和海上的大炮齐声怒吼，组织起一道密集异常的火力网。可是，这无异是在通知德军该向何处派遣增援部队。经过 2 天激战，到 6 月 28 日，英军步兵部队和装甲部队已经打到了冈城外的名为"112 高地"的制高点前面。不出所料，德军即于次日开始反扑。

这一天阳光灿烂，天空晴朗，能见度极佳。

德军为了阻挡英军的进攻，出动了数以百计的坦克，针锋相对地展开攻势。这些德军部队有刚从俄国和法国南部调来的装甲师，他们还来不及听到有关战区情况的详细介绍，就被送上了战场。

德军装甲部队刚从隐蔽的集会地点开出，随即遭到盟国空军十分猛烈的攻击。皇家空军那些能发射火箭的台风式战斗机，发挥了特别巨大的威力。这次德军反攻所集结的全部坦克中，只有 200 余辆尚能与英军交锋，其余的坦克以及数倍于此的重要的燃料供应车，在盟军空军的轰击下，都东歪西斜地倒在公路上，化为一堆堆冒烟的残骸。

▲ 德军火箭炮准备攻击盟军。　　　　　　▲ 德军将领寄希望于新研制的装甲车。

德军装甲部队的残部，从三个方面向英军的突出阵地紧逼过来。不少德军坦克被盟军的飞机大炮击毁，而更多的坦克则是被步兵使用的那些并不复杂的"派阿特"反坦克武器阻挡住的。因为这一带多树，"林乡"中很少有回旋余地，德军坦克尽管装甲很厚，火力很强，但是在英军近距离的坚决攻击下，也极易被击毁。

双方浴血苦战，僵持不下，"112高地"上炮火纷飞，弹雨如注，哪一方也不能将它占领。惨绝人寰的屠杀场面，比比皆是。小小的奥东河竟被尸体堵塞。这次攻势持续了5个昼夜，双方作战的激烈程度，在诺曼底的历史上还找不出哪次战役能与之相比。

冈城之郊的激战，吸引了德军正在源源开抵战场的大部分装甲力量，这样就有利于美军在右翼取得突破。

希特勒对诺曼底的战局感到严重不安。

7月3日，他下令由冯·克鲁格元帅接替冯·伦德施泰特。克鲁格从俄国战场调来，满以为西线的战事较易对付，可是他的幻想不久便破灭了。

7月以来的滂沱大雨和满天乌云使盟军的进攻不是被天气所扰，就是连连被德军所阻。

这是盟军连续遭挫、牺牲重大的一个月。盟军在"D日"旗开得胜，战果累累，然而此后却进展甚微，损失惨重。

不论在英国或是在美国，公众和报纸舆论都对此日益感到不耐烦，纷纷提出指责。在两国的悲观论者看来，诺曼底反攻形势似乎已走上第一次世界大战的老路，陷入了一场没完没了的残酷的阵地战。

在英军冈城进攻受挫的同时，美军占领瑟堡以后也一时打不开局面，这不免使布莱德雷感到失望，但他还是对德军坚决保持着进攻的压力。美军不顾敌军的顽强抵抗，在地形极为不利的小块田地和沼泽地内，经过3个星期的苦斗，最后，以伤亡11,000人的代价，推进到已化为一片硝烟迷漫的废墟的圣洛。

这个一度风光宜人的集镇，正是通往卢瓦尔河谷的良好公路的门户。该镇极为重要，美军夺下这一目标以后，就能按蒙哥马利的计划部署，发动大规模的装甲攻势。这次攻势代号为"眼镜蛇"，将由美军那位富于冒险精神的坦克专家乔治·巴顿负责指挥。

在美军杀向圣洛的同时，加拿大军队在夺取"112高地"东北面卡尔皮凯机场的英勇战斗中，伤亡惨重。

7月8日，英军第2集团军以3个步兵师和2个装甲师的兵力发动了旨在夺取冈城的全面进攻。为了此次进攻，盟军空军于7月7日21时50分到22时30分，对该市进行了猛烈轰炸，共投掷了2,300多吨炸弹。

到次日凌晨 4 时 20 分，英军第 1 集团军对冈城西部和北部发动了进攻，加拿大军队则向冈城西部进攻。当天，加拿大部队攻下了西部的弗朗克维尔，而英军则肃清了冈城北面的 2 个小镇。

到 7 月 10 日，经过残酷战斗，英军和加拿大部队突入冈城，占领了奥恩河北岸的那部分市区，同时拿下卡尔皮凯机场。

尽管盟军占领了冈城一部分，可河岸的广大郊区仍在德军手中，德军继续在奥恩河南岸的群山中掘壕固守，阻挡着英军通往法莱兹及其周围广阔平原地的进攻。

蒙哥马利不失时机地命令部队从奥东河对岸的突出阵地向"112 高地"展开强大攻势。7 月 15 日和 17 日，冈城以南的全部英军部队都卷入残酷的激战，没多久即有 3,500 多人伤亡。蒙哥马利的意图是：一方面将敌人牵制在"112 高地"附近，一方面在冈城东面和南面发动一场代号为"赛马会"的大规模攻势，诱使德军将最大限度的装甲力量用于对付英军；这样，巴顿就能率领他的闪击部队从圣治突破，直插布列塔尼半岛和卢瓦尔河。

此时，剽悍的党卫队第 12 装甲师已丧失了 70% 的实力，另一个装甲师也损失了 75% 的兵力。

不过，盟军当时并不知道这一点。就在英军第 2 集团军在这条战线上坚持不懈地进攻敌军的时候，其他许多德军部队也几乎遭到同样严重的损失，而且德军的预备队一开到，就立即投入战斗的大漩涡之中。

No.2 挥师向前

英军对德军防御阵地实施强有力的轰炸之后，随即展开了"赛马会"攻势。德军西线"B"集团军司令隆美尔元帅，事先也料到了这一招。他在纵深约 16 公里设防坚固的防御区内，精心配置了大量坦克和各种火炮，此外，还层层布下数以百计的可怕的 88 毫米火炮和 6 管火箭发射器。

隆美尔分兵把守着各制高点。早在数月之前，他就打算万一这里的战斗爆发后不能当场把敌人赶入大海，也要在这一带摆开战场与敌周旋，并最终将其歼灭。然而，命运却注定隆美尔不能亲自指挥这场战斗。

7 月 17 日下午，隆美尔视察前线后驱车返回总部，途中遭到一架低空巡飞的皇家空军战斗机的扫射，结果翻车受伤。隆美尔人事不省，伤势沉重，被送入医院，从此再也没有重返战场。出院后，隆美尔由于先前参与谋杀希特勒的秘密活动事败，于 1944 年10 月自杀。

在盟军进攻部队与德军防守的法莱兹开阔平原之间，德军隐蔽埋伏的 88 毫米火炮群，

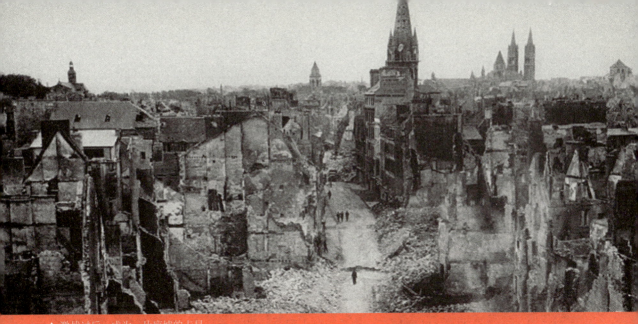

▲ 激战过后，成为一片废墟的卡昂。

排列密集，无边无际。英军装甲部队和步兵部队不顾伤亡惨重，持续猛攻了 72 个小时。战斗结束时，英军损失了 200 辆坦克和 1,500 多名士兵。

7 月 19 日，惊雷骤起，大雨如注，战场顿时化为一片泥潭，蒙哥马利只得命令英军停止进攻。按蒙哥马利的设想，这场大规模攻势将一举踏平德军防御工事，可是结果，英军虽损失了 400 多辆坦克，牺牲大量步兵，却只不过突入敌阵 11 公里，建立起一条很不稳固的狭长突出阵地。"赛马会"攻势没有取得成功。

尽管德军设法顶住了"赛马会"攻势，但这一攻势却使他们大为惊恐，并使希特勒及其最高统帅部终于相信，诺曼底登陆才是盟军的主要进攻行动。希特勒命令守卫加莱海峡的训练有素的第 15 集团军 25 万士兵立即投入诺曼底之战。

可是，由于塞纳河南岸大片地区内的交通线均遭破坏，第 15 集团军花了一个月的时间才抵达诺曼底，为时实在太晚。到 7 月 5 日，盟军百万大军已在诺曼底登陆上岸，而隆美尔方面投入战斗的人数尚不及此数之半。

"赛马会"攻势失利后，艾森豪威尔和其他盟军高级将领对蒙哥马利已失去信心。不过布莱德雷还是像布鲁克一样，对蒙氏的战略表示赞赏。

布鲁克是英国总参谋长，他指出，此时英国的第 2 集团军不仅牵制住了德军的大部分装甲部队，而且正极其迅速地将其歼灭，使德方根本来不及予以补充。

这时，英军正在从奥恩河至科蒙这条长 64 公里的战线上作战，美军的战线则由科豪向西绵延 64 公里，穿过科坦丁半岛至大海。德军在其防线上的两个重要突出部，科蒙和冈城，集结了他们的大部分装甲力量和炮兵部队。尽管上述两条战线表面上处于僵持状态，但盟军实际上已占领了实施突破所必需的阵地。

No.3 巴顿

巴顿的闪电进攻将是"眼镜蛇"攻势的高潮。在"眼镜蛇"攻势的部署过程中，蒙哥马利加强了对冈城的牵制性攻击。

布莱德雷后来评论说："我们不顾一切要使德国人相信，这场对冈城的进攻乃是盟军的一次主要攻势……在接下来的4个星期中，英军就肩负起牵制该战区占优势的敌军兵力的任务。而在此期间，为了美军的突破，我军频频调动，进入阵地，以迷惑敌人。在我们登陆后的第一个星期内，整个盟国世界一片鼓噪，纷纷要求发动闪电进攻，而英军却克制忍耐，心甘情愿地充当配角。"

7月间，战斗愈演愈烈，伤亡日渐惨重，无论是美军战线或是英军战线都是这样。美军沿科坦丁半岛一步一步向南推进，逐渐进入了一片河流沼泽密布、行动更加困难的地域。不过到7月中旬，美军还是建立了一条可按计划实施打击的起攻线，从而也就能拉开战场，打破僵局，让盟军的坦克部队向欧洲腹地长驱直入。

这条成败攸关的战线从古城堡圣治一直延伸到西海岸。英军将扼守冈城作为基准，而自冈城到科坦丁海岸这条战线上的所有盟军部队，将沿此基准全面展开攻势，向东回旋。接着，盟军将兵分两路：一路向南发动强大攻势，直指卢瓦尔河畔的南特，以切断布列塔尼半岛及其岛上各港；同时另一路挥师向东，沿一条与卢瓦尔河相平行的路线迅速向巴黎南面的奥尔良隘口挺进。随后，盟军全线将迅速调转过来，向东面的塞纳河大举推进。

7月6日，美军猛将巴顿将军渡过海峡，进入盟军设在科坦丁半岛上伪装得很巧妙的临时营地，同时，他的第3集团军（不过这时还未授予此番号）的首批部队也开始在"犹他"海滩登陆，前线远在32公里之外。登陆部队未遭到任何抵抗和射击，也未遭到任何轰炸，甚至涉水湿足的也没有几个人。

巴顿告诉随军记者说："我将从敌军的西部防线进行突破，然后分兵两路：一支装甲先头部队将拦腰切断布列塔尼半岛，直取布勒斯特；同时另一支装甲先头部队驰驱向东，准备围歼德第7集团军。"

巴顿想了一下又加了一句："我准备在两星期后挥师出击；到11月11日我的生日那天，将赢得这场战争的胜利。"

巴顿是一位能使希特勒丧胆的将军。他常常告诉他的部队，胜仗是用血和胆赢得的，因此，巴顿获得了"血胆"的称号。他常常爱叼根雪茄在嘴里，腰间挂着两支象牙把柄的54口径手枪。虽然位居将军，但是他快人快语，口出粗言，形容词一大堆。在他的口里，德国人不叫敌人，而叫"杂种"。他曾在记者会上坦率地为他的角色和政策做过总结："我们的任务是去杀人、俘虏和征服。"巴顿的坏脾气有好几次差点毁了他的事业，幸好盟军最高司令艾森豪威尔爱才，认为他无以替代，才救了他。1943年，有一次巴顿去西西里岛的一家医院探望他的伤兵。巴顿看到一名伤兵没有明显的伤痕，认为他装病，就骂他是下流婊子养的，还打了他一记耳光。消息传到美国，引起轩然大波，国会要求撤换他。这个事件使他丧失了在后来举行的诺曼底反攻中，担任盟军最高司令的机会。

可是谁也不能否认，巴顿是个猛将。

巴顿，身为最杰出的盟军将领，即将率领装备精良的第3集团军实施这场打击。该集团军是一支超机动化的装甲部队，甚至德军也无法与之匹敌。

就在"眼镜蛇"攻势开始前，德军从冈城抽调了2个装甲师到美方战线，这样德军用以对付美军的兵

▲ 巴顿（左）与布莱德雷讨论战事。

力就增加到9个师——大多是由其他溃散部队的残兵败将拼凑起来的。尽管德军不断遭到盟军的大规模空袭，运输困难，但是他们在西线的兵力还是由58个师增加到65个师。

7月25日，旨在为巴顿闪击部队迅猛突进而打开突破口的"眼镜蛇"攻势开始了。

盟军对圣洛西面一块长8公里、宽2公里的长方形敌军防御阵地实施大规模炮击，此外还出动大约3,000架美国空军轰炸机，投掷了4,000吨高爆炸弹、杀伤炸弹和凝固汽油弹。

据德军将领拜尔莱因说，美国飞机的轰炸使这一地区布满了巨大的弹坑，如同一片月球上的景象，尽是"火山口"，死亡笼罩着一切。拜尔莱因估计，阵地上的德军部队有70%丧失了战斗力，不是被炸伤、炸死，就是吓得神志不清，呆若木鸡。

这就为巴顿部队打开了突破口。

在通往突破口的路上和突破口周围，是一片溪流沼泽密布、行动困难的乡间田野，3个强悍的美军步兵师——经过非洲和西西里战役的劲旅，一路上且战且进。他们历尽艰苦，一步一步地夺得能使坦克部队列队展开的阵地。

在隆隆的坦克和小心翼翼的步兵向前推进时，美国空军第9航空队的战斗轰炸机为他们提供支援。坦克先头部队中，设有目测监视哨，与随行低飞的轰炸机保持直接通话联系，而这些轰炸机则随时准备根据地面部队的指令，对各目标进行轰击。

　　7月27日的战斗具有决定性的意义。德军退却了，库汤斯落入盟军之手。负责防守这条战线的德第7集团军开始后撤，而该军的撤退很快就演变成一场溃败。7月30日，美军进入阿弗朗什，盟军终于成功地取得了突破。

　　现在，巴顿的任务是横扫布列塔尼半岛，攻占岛上各主要港口。

　　与此同时，蒙哥马利命令英第2集团军攻打冈城－圣洛一线，加军从冈城南面向法莱兹方向发动进攻，继续牵制住德军的大部分装甲力量和炮兵部队。蒙哥马利开始把主要兵力从冈城调向科蒙，准备夺取维尔和奥恩河之间的高地。

　　布莱德雷打算趁德军大部分装甲力量和炮兵部队忙于应付北面英加部队的时机，率领第12集团军群迅速从南面包围德军。正因为德军的全部兵力都用来抵挡英军的进攻，企图利用他们层层稠密配置的坦克、机关枪、迫击炮和威力强大的88毫米火炮，控制那一带战场，所以美军趁机在右侧发起的攻势就能迅速取得进展。

　　希特勒终于觉察到这种危险局面，但已为时过晚。

　　他命令冯·克鲁格从英加战线上抽调4个装甲师去切断美第3集团军的装甲部队，但是冯·克鲁格一直到8月7日才使反攻部队从英加战线上脱身。而此时，盟军已有4个集团军在挥师东进，直奔160公里外的塞纳河；同时，盟军的大规模空袭已完全破坏了巴黎与海岸之间的所有桥梁。

　　巴顿的第3集团军几乎不费吹灰之力，就打开了局面。大军锋芒所指，势如破竹，其进展之神速，令人眼花缭乱；其战果之辉煌，使人振奋不已。

　　第3集团军沿着莱塞－库汤斯公路呼啸着向前挺进，争先恐后地涌过莱塞山隘，踏上路面良好的海滨公路，穿过库汤斯和阿弗朗什——第3集团军就这样闯过了进入法国心脏地区的大门。

　　此时，展现在美军面前的是：平坦宽阔的碎石公路，青葱翠绿的一马平川，既无高山挡路，

◀巴顿的部队长驱直入，直插勒克莱（左图）。

◀向法国南部攻击前进的美军坦克（中图）。

▶行进途中的英军装甲部队。

又无大河阻隔，真是再理想不过的装甲兵作战地域。看来美军尽可长驱直入，直扑德国边境。勒克莱尔将军，隶属于巴顿集团军的自由法国第2装甲师师长，感到这种情况似乎是"1940年战局的重演，不过胜败双方可颠倒了过来。敌人在我军出其不意的攻击下，乱作一团，溃不成军"。

巴顿率领整个集团军全速越过一条隘道，而这条隘道按照兵书来说，实在太窄，大军忌讳冒险穿行。但是巴顿知道，德国空军几乎已被逐出蓝天，德军的大部分装甲部队也被牵制在其他战场上无法脱身。在这种情况下究竟该如何行动，也许巴顿比其他任何指挥官都更清楚："假如我担心部队两翼的话，那我就根本无法打这一仗了。"

到8月6日，巴顿"左右开弓"，他的坦克部队已取得惊人的进展。向南方和东南方进击的部队猛攻克马延和拉瓦耳；而向西面推进的其他部队，已将德军赶出布列塔尼半岛的内陆，把他们堵死在半岛的各港口内。

布列塔尼的法国抵抗运动，显得特别可贵。他们不断骚扰退却中的德军，不让德军破坏那些可为美军利用的设施。

8月7日凌晨，德军终于从勒克芒开始发动反攻。希特勒的企图是：出动装甲部队进攻阿弗朗什，切断巴顿的补给线，然后回师北上，击溃并消灭科坦丁半岛上的美军部队。可是他们立即遭到了美军的顽强抵抗。此时，凡是了解诺曼底灾难性局面的德军指挥官全都意识到，诺曼底之战已告失败，现在要做的唯一事情就是着手组织一场迅速而有条不紊的撤退，据守塞纳河，阻挡各路英美部队的集中进攻。

德军从驻守加莱海峡沿岸的第15集团军新调来4个师，但是希特勒并不想用这支兵力掩护撤退，而是坚持要他们进攻阿弗朗什。这4个师是痛击莫尔坦美第1集团军的一部分兵力，这回德军投入的兵力共有5个装甲师和2个步兵师。阻挡德军猛攻的最初只有美军1个师，该师士兵坚决抵抗，始终将德军顶住，直到盟军其他部队迅速赶来增援为止。

No.4 横尸遍野

美第 1 集团军的强大部队从维尔紧逼过来，英第 2 集团军向孔戴发动进攻，巴顿派出一个整军经阿朗松向北驰往阿尔让唐，从南路猛扑德军。与此同时，加军奋力冲杀，终于开进长期争夺不下的法莱兹。德军反攻部队被紧紧压缩在法莱兹和莫尔坦之间一块狭窄的袋形地带内，处境岌岌可危；不久，盟军的大炮、轰炸机和战斗机就把这块袋形地带变成一个可怕的"屠宰场"。

巴顿事先就接到关于德军可能出动好几个装甲师发动进攻的报告，但他认为，这只是德军的虚张声势，其真实意图乃是要掩护撤退。不过，为了以防万一，他还是命令在圣伊莱尔附近的第 80 步兵师、第 35 步兵师和法国第 2 装甲师停止前进。接着又命令勒克莱尔率部在富惹尔集中，扼守重要的公路交叉点，以保卫第 3 集团军两翼的空隙地区。中午，乌云消散，发射火箭的"台风"式战斗机猛袭德军装甲部队。

一些德军装甲部队被"台风"式机群在狭窄小道内截住，尽遭覆灭。午后不久，德军按计划向阿弗朗什发动进攻，想切断并粉碎巴顿的那支一往无前的部队，但是离出发地点还不到几公里，这场攻势就被遏止住了。不过，巴顿的部队也还是经历了好几个昼夜的艰苦混战，才得以继续向前推进。第 3 集团军采用的战术，是把部队编成若干坦克群，不顾一切地向前猛冲，一遇到敌人，立即集中火力猛击。整个战场混乱不堪，双方都不知道在何时何地会突然撞上对手。

8 月 13 日，美第 20 军仅遇一些零星分散的抵抗，于是巴顿一面命令主力部队向勒芒的东北方挺进，一面派出战斗支队夺路南下，进取卢瓦尔河畔的翁热和南特。与此同时，海斯利普的第 15 军以美第 5 装甲师和法第 2 装甲师为前锋，驰驱北上，在正与英加部队拼命格斗的德军主力后方发起猛袭。

在粉碎德军反攻中起了主要作用的美第 1 集团军，正无情地扫荡着残留的德军突击部。布莱德雷和蒙哥马利决定发起全面总攻，紧逼包围德军主力的时刻已经到来。加军从北面奋力推进，美第 1 集团军由西北面和西面步步紧逼，而美第 3 集团军的装甲部队和步兵部队则从正面大举北上。

加军部队和巴顿所属法、美先头部队，驻守着阿朗松－瑟埃－阿尔让唐一线，而德军东撤的唯一道路就是这两支部队之间的空隙地区。8 月 14 日凌晨，这块空隙地区已被压缩至 29 公里宽。德第 7 和第 5 集团军的密集装甲部队在英、加部队连续不断地进攻下，只是很缓慢地向后退却。对每一条江河细川，每一道沟渠树篱，双方都要展开激烈的争夺。

所有的人，甚至连巴顿在内，都不知道当时第 3 集团军所属各支部队的行踪。这位美

▲ 一名战死的德军党卫军士兵。

国将军曾命令部下："以尽快的速度，向一切可以推进的地方前进！"巴顿的部队似乎已失去统一指挥，无法协同作战，可是仍取得了惊人的战果。一些完整的德军部队，由于害怕在树林里被法国抵抗运动的战士杀死，纷纷向一些单独作战的美军坦克中队缴械投降。美第6装甲师的某一战斗支队击败了德军具有一个整师兵力的残余部队，自己仅仅损失了两名士兵。

巴顿一不做，二不休，准备出动装甲部队由南面扑向法莱兹，以封闭这块空隙地区。然而，布莱德雷已下令要他停止前进。看来，盟军失去了把一个将陷于绝境的庞大德军一网打尽的大好机会——关于这一点，至今仍有争议。巴顿坚决认为，海斯利普的第15军原可以不费什么气力就推进到法莱兹；但是布莱德雷考虑到阿尔让唐南面、特别是埃库弗森林内德军的抵抗越来越猛烈，因而决定停止美军的南路攻势。

布莱德雷命令勒克莱尔率领所部，外加一个美国步兵师，坚守卡鲁热以及阿尔让唐南面和东面的阵地；而巴顿的其余部队则按蒙哥马利的原来计划，继续展开闪电攻势，即向塞纳河挥戈东进，在德军赶到该河之前将其截住。美军装甲纵队在开阔的田野上纵横驰驱，如入无人之境，直逼奥尔良、夏特勒和德勒三城。奥马尔·布莱德雷毫不含糊地命令巴顿："把所有的本钱都拿出来，率领所部全速向东挺进。"

海斯利普的美第15军的任务是，从南路完成盟军围堵德第7集团军的锥形攻势。为此，第15军将夺取重要公路中心阿尔让唐，封锁德军的主要退路。

8月13日，海利普斯的部队占领了阿尔让唐及其主要公路，可是这时空隙地带仍有29公里宽。"乔治·巴顿由于不许他率部封闭空隙一带而怒不可遏。"布莱德雷后来这样写道："不过蒙哥马利从未禁止这样做，而我也从未建议由美军部队去封闭阿尔让唐和法莱兹之间的缺口。我十分满足于实现我们的原定目标，而不愿再承担另外的任务。巴顿或许能够在此狭窄的咽喉地带拉开一道防线，但是我怀疑他是否能将其守住。德军此时正有19个师争先恐后地要从这个缺口突围，而巴顿手下的4个师正封锁着阿朗松、瑟埃和阿尔让唐这三条德军主要退路。假若他将封锁线拉长到64公里，那么敌军不仅可能突破美军封锁线，而且突破时还会将巴顿的阵地踏平。我宁可在阿尔让唐保留着坚实的肩膀，而不愿冒在法莱兹折断颈骨的危险。"

8月15日，正当美第3集团军横穿法国腹地向塞纳河挺进的时候，一个美、法联合集团军以及一些英、加部队由美军将领雅各布·德弗斯指挥，粉碎了并不怎么激烈的抵抗之后，在法国南部登陆。据说，希特勒把8月15日称为他一生中最倒霉的日子。当盟军在南方发动这场新的攻势的时候，法莱兹周围的德军正在做最后的困兽之斗，拼命抵抗着英、加、波各部队的进攻。

此时，厄库会一带的自由法国部队向前进逼，空隙地区压缩到18公里。法莱兹袋形地带内的德军部队四面受敌，士兵的弹药已快消耗殆尽，全军正趋于土崩瓦解。据报告，德军司令官冯·克鲁格将军已不知去向。盟军的猛烈空袭已使德军的无线电通讯网陷于瘫痪，德军各部队乱作一团。两天后，冯·克鲁格又重新出现并与部下恢复了联系。不久，他被解除了职务，随即自尽。

8月17日，德军后卫部队仍在顽强抵抗，掩护着溃败的其余部队源源向东后撤。前一段时候，天气恶劣，敌我双方胶着混战在一起，盟国空军无法参加战斗；现在乌云消散，天空放晴，于是易于捕捉的攻击目标又呈现在第2战术航空队的"台风"式和"喷火"式战斗机的面前。

德军仍在做垂死挣扎，拼命抵抗着英、美、加、法、波诸军的进攻。到8月18日，他们还是撑开了一道13公里宽的缺口，可是这时盟军作战飞机和大炮发挥了极其强大的威力，不久将这道缺口再次封死，德军被紧紧逼入急剧收缩着的袋形阵地内。当他们沿着公路，穿越田野，拼命向东逃窜时，成千成千地被打死。艾森豪威尔在谈到这场怵目惊心的大屠杀时说："毫无疑问，法莱兹战场是战争领域内所曾出现过的最大的屠宰场之一。那一带的通道、公路和田野上，到处塞满了毁弃的武器装备以及人和牲畜的尸体，甚至要通过这个地区也极为困难。那道缺口闭合后48小时，人们领我步行通过该地区，我所见到的那幅景象，只有但丁能够描述。一口气走上几百米路，而脚全是踩在死人和腐烂的尸体上，这

　　在德军力图由缺口处逃命的那 6 天中，他们大约有 1 万人惨遭杀戮，此外还有 5 万人被俘。在从缺口逃出来的 2 万至 5 万名德军中，还有很多人没到塞纳河畔就被打死了。至此，德军主力遭到毁灭性打击。与此同时，被分割包围在其他地区的数千名德军，也缴械投降了。德军有 8 个步兵师和 2 个装甲师的人马，几乎是一个不漏地全部束手就擒。希特勒希望用来粉碎西线盟军的整个军队，已被彻底击溃。

　　至此，诺曼底战役陆上作战全部结束。

　　从此，各路盟军开始更大规模的进攻，矛头直指法国首都巴黎。

▲ 一名法国平民为阵亡的盟军士兵祈祷。

图书在版编目（CIP）数据

登陆诺曼底 / 二战经典战役编委会编译 . — 北京：
中国铁道出版社，2015.7（2022.1 重印）
（时刻关注）
ISBN 978-7-113-20514-0

Ⅰ．①登… Ⅱ．①二… Ⅲ．①美英联军诺曼第登陆作
战（1944）—通俗读物 Ⅳ．① E195.2-49

中国版本图书馆 CIP 数据核字（2015）第 122268 号

书　　名：登陆诺曼底	
作　　者：二战经典战役编委会	
责任编辑：田　军	电　话：(010) 51873005
编辑助理：殷　睿	
装帧设计：艺海晴空	
责任印制：郭向伟	

出版发行：中国铁道出版社有限公司（北京市西城区右安门西街 8 号　邮编 100054）

印　　刷：永清县晔盛亚胶印有限公司

版　　次：2015 年 7 月第 1 版　　2022 年 1 月第 3 次印刷

开　　本：787mm ×1092mm　1/16　印张：11　字数：250 千字

书　　号：ISBN 978-7-113-20514-0

定　　价：39.80 元